HISTOIRE ÉCONOMIQUE DES ÉTATS-UNIS DEPUIS 1945

ouvrage publié sous la direction de
André Kaspi

NATHAN

Dans la même collection

Domaine : Histoire

1. Vincent Milliot, *Pouvoirs et Société dans la France d'Ancien Régime*
6. Pierre Guillaume, *Initiation à l'histoire sociale contemporaine*
8. Sylvie Guillaume, *Histoire politique comparée : Grande-Bretagne, R.F.A., France, 1945-1991*
11. Anne Dulphy, *Histoire de l'Espagne de 1814 à nos jours*
26. Benoît Garnot, *La Justice en France de l'an mil à 1914*
34. Ralph Schor, *Crises et dictatures dans l'Europe de l'entre-deux-guerres, 1919-1939*
35. Claude Mossé, *Le Citoyen dans la Grèce antique*
68. Vincent Milliot et Olivier Wieviorka, *Méthode pour le commentaire et la dissertation historiques*
80. Didier Poton et Patrick Cabanel, *Les Protestants français du XVIe au XXe siècle*

Conception de couverture : Noémi Adda
Conception graphique intérieure : Agence Media

ISBN 209190589-5

SOMMAIRE

INTRODUCTION

Une histoire économique des États-Unis portant sur le demi-siècle qui s'est écoulé depuis la guerre doit retracer les événements marquants, exposer les grands axes de politique économique. Elle fait ainsi place à la crise du dollar et aux chocs pétroliers, à la rapide progression de la dette extérieure des États-Unis au cours de la dernière décennie. Il lui faut de même rendre compte de la priorité longtemps accordée au plein emploi, des programmes sociaux des années soixante, des politiques monétaristes suivies depuis l'ère Reagan...

Elle doit également tenter d'inscrire cette période dans une perspective plus longue. Quels facteurs ont précipité le basculement définitif du centre du pouvoir économique et politique du continent européen vers l'Amérique et comment s'est organisée l'économie occidentale par rapport à ce nouveau centre. Quelles ont été les transformations provoquées par cette situation nouvelle sur la société américaine : prospérité sans précédent mais aussi répercussions inévitables d'une ouverture sans cesse plus grande sur l'économie internationale.

Pareille réflexion, comme on le voit, ne peut être circonscrite aux seuls États-Unis. Aucune nation ne peut totalement ni durablement se soustraire aux conséquences des décisions adoptées en d'autres lieux, et ce plus encore aujourd'hui. Mais il est certain que les États-Unis, par leur poids considérable aux plans économique, politique et militaire, ont exercé une influence sans comparaison sur toutes les autres nations.

L'évaluation du « poids » des États-Unis, l'appréciation de la place qu'ils occupent dans l'économie occidentale et mondiale requièrent des instruments d'analyse. Il faut à la fois mesurer les ressources matérielles, humaines, financières, techniques... dont dispose l'Amérique et leur variation dans le temps.

Quels critères d'analyse ?

Il existe des instruments traditionnels pour ce faire. On peut prendre en compte la population active et son degré d'instruction, les ressources minérales et énergétiques. Les produits national ou intérieur bruts permettent d'appréhender la richesse à un moment donné autant que d'effectuer des comparaisons intemporelles (le PNB représente le revenu global : production réalisée par les résidents américains + ensemble des actifs en leur possession aux États-Unis et à l'étranger). L'accroissement des investissements en biens d'équipement, le montant des investissements à l'étranger, la part des États-Unis dans les échanges mondiaux peuvent aussi servir à appréhender le degré — c'est-à-dire la progression ou le recul — de compétitivité de l'économie, sa capacité d'expansion, l'évolution de sa spécialisation…

Ces données brutes ont cependant besoin d'être affinées si l'on veut comparer de manière non abusive l'économie américaine en 1945 et en 1994. L'importance des ressources énergétiques et minérales, tant du point de vue des coûts de production que de l'autonomie politique, a décliné dans un monde où l'affrontement idéologique a quasiment disparu. La nature de la production s'est profondément transformée : l'information a pris le pas sur la quantité d'acier produite. La qualité de la main-d'œuvre d'une nation ne peut plus être dissociée du cadre législatif qui détermine son emploi.

Il n'est plus possible non plus d'assimiler puissance des entreprises nationales et puissance d'un pays. La célèbre remarque de Charles Wilson : « Ce qui est bon pour General Motors est bon pour les États-Unis et vice-versa » n'a plus guère de sens aujourd'hui. Les multinationales américaines ont leur stratégie propre et leur intérêt immédiat peut être complètement opposé à celui de leur pays (en matière d'emploi, de change…). Les entreprises étrangères implantées aux États-Unis, bien que quelques fois meilleures citoyennes du pays hôte (formation, avantages sociaux…), maintiennent le plus souvent leurs activités stratégiques dans leur pays d'origine et pratiquent la même politique de localisation de la production (selon les variations de coûts), de spéculation sur les monnaies, etc. Le solde des échanges internationaux de marchandises n'est plus un indicateur fiable de la puissance économique réelle d'un pays aussi bien parce qu'une part croissante de ceux-ci résulte de mouvements complexes entre les filiales de multinationales que parce que la part de l'activité agricole et manufacturière a considérablement diminué au profit des services dans la plupart des économies avancées (l'internationalisation des services est encore très limitée).

Enfin l'économie contemporaine se distingue profondément de celle de l'après-guerre en ce que la production de richesses revêt un caractère de plus en plus immatériel. La capacité de produire de grandes quantités de biens compte moins que celle de répondre à une demande diversifiée, exigeante, précise. L'essentiel du coût de production ne vient pas de la fabrication matérielle de produits avancés (cf. logiciels informatiques) mais de la conception qui implique des investissements élevés en recherche, formation…

Les critères que l'on utilisera ne peuvent donc s'appliquer uniformément tout au long de la période considérée. Ils ne sauraient non plus être exclusifs. Dans notre tentative d'appréhender les grands traits de la puissance économique américaine et son évolution, nous devons ajouter d'autres critères moins tangibles mais aussi décisifs.

Des facteurs sociologiques ou culturels : aux sources du dynamisme économique des États-Unis se trouvent peut-être la valorisation de l'entreprise individuelle et l'importance accordée à la réussite matérielle (voir *L'Éthique protestante et l'esprit du capitalisme* de Max Weber). Le consensus sur ces points doit être complété par la possibilité offerte à tous — sans exclusion due à l'origine sociale ou ethnique — d'entreprendre et de ne pas être privé des fruits de cette entreprise. La reconnaissance de tous les talents et mérites individuels est la condition d'une coopération indispensable à l'efficacité maximale de ceux qui sont engagés dans le processus de production.

Moins aisée à apprécier que le degré de cohésion sociale est l'influence exercée sur l'environnement économique international, ce que l'historien américain Joseph S. Nye appelle « *soft power*[1] ». Une influence qui résulte du poids des États-Unis au sein des grandes instances économiques (et politiques) internationales, l'imposition de fait d'une monnaie commune — le dollar — comme instrument de réserve, de règlements internationaux…, la

1. *Bound to lead,* Basic Books, New York, 1990.

pression pour que s'ouvrent les marchés et que soit garanti l'accès aux ressources naturelles, etc. Ce poids se manifeste de manière indiscutable mais également difficilement quantifiable dans les décisions de politique économique que les partenaires des États-Unis se voient contraints d'adopter à leur suite — de la fixation des taux d'intérêt à l'obligation d'abaisser les coûts du travail en passant par la priorité nouvelle donnée à la lutte contre l'inflation.

L'histoire économique se veut donc une discipline pluridimensionnelle. De même que l'histoire, dont elle est partie, privilégie depuis l'École des *Annales* le temps long, celui de « l'histoire massive et structurale évoluant lentement au fil de la longue durée[1] », de même l'histoire économique s'intéresse à des pans entiers du passé des sociétés. Le temps bref, celui du récit des événements marquants, de la mémoire des grands hommes, ne constitue plus qu'une des composantes d'une histoire globale.

> Elle [l'histoire] préfère l'analyse des tendances profondes à celle des modifications de surface, l'étude des comportements collectifs à celle des volontés individuelles, l'examen des déterminations économiques et sociales à celui des institutions ou des décisions gouvernementales. Du coup la démographie, l'économie, la sociologie investissent un champ de plus en plus déserté par tout ce qui l'a peuplé si longtemps, les rois, les grands, les nations et le théâtre du pouvoir autour duquel ils n'ont cessé de tourner[2].

Notre examen de l'histoire économique des États-Unis depuis 1945 va devoir prendre en compte la multiplicité des éléments et agents des changements qui ont conduit New York et Washington à devenir le centre du monde occidental avant que celui-ci ne s'élargisse aux limites de la planète. Il lui faudra aussi déterminer dans quelle mesure un décentrage serait en cours, en sachant que par essence celui-ci s'inscrit dans le temps long, que les critères sont divers et non homogènes, rendant les comparaisons intertemporelles assez incertaines.

1. Fernand BRAUDEL, *La Dynamique du capitalisme,* Paris, Champs-Flammarion, 1985, p. 11.
2. Françoise FURET, *L'Atelier de l'histoire*, Paris, Champs-Flammarion, 1982, p. 17.

Les grands acteurs du changement
Qu'ils en soient le moteur ou qu'ils en enregistrent les effets, ils définissent les contours et structures de ce monde, voient affluer les richesses qui sont l'apanage du centre puis se trouvent progressivement confrontés au fardeau de sa gestion, à la remise en cause des règles qui le régissent et aux attentes peut-être excessives qu'il a suscitées. C'est au travers de l'Entreprise, de l'État et de la Société, et au cours de « moments » dont il faudra définir l'unité, qu'hommes, événements et si possible « histoire profonde » seront analysés.

Il est naturel, dans un système économique capitaliste, qu'une place particulière revienne à l'**entreprise**. Aux États-Unis, plus sans doute qu'ailleurs en Occident, production et échange sont le fait de l'initiative privée, sont soumis aux lois du marché et l'entrepreneur est récompensé du risque qu'il a pris. Car la création de richesses qui en résulte signifie des avantages directs pour ceux qui y prennent part et indirects pour toute la communauté (par le biais des salaires et dividendes, grâce à l'effet redistributif de la fiscalité...)

L'entreprise (industrielle ou agricole) affaiblie par la crise des années trente retrouve légitimité et puissance tandis qu'avec l'assistance de l'État, organisateur du monde de l'après-guerre, elle étend son emprise sur les ressources et les marchés, aux marches d'un empire en constitution.

C'est le rôle de l'**État**, qui a connu la transformation la plus radicale au cours de ce demi-siècle. Il faut cependant l'envisager dans une double perspective : celle de l'histoire des cent ou cent cinquante dernières années qui marque une intervention croissante du fait des guerres et de la grande crise, et à l'opposé une culture proprement américaine, foncièrement hostile aux atteintes qui seraient ainsi portées à la liberté de l'individu comme de l'entreprise.

La **société** est la plus opaque de ces trois entités, celle dont l'amplitude des mouvements est la plus difficile à appréhender. D'autant que par son histoire, sa composition raciale et ses modes culturels, la société américaine est beaucoup moins homogène que celles de l'Europe ou du Japon. Elle n'en demeure pas moins façonnée par des valeurs profondes, communément acceptées : l'importance accordée au travail comme moyen de promotion sociale et la reconnaissance du mérite individuel assurée par le succès matériel ; le droit au bonheur inscrit dans la Déclaration d'Indépendance mais l'insistance sur la responsabilité individuelle dans sa conquête — l'État n'étant chargé que d'assurer l'égalité de tous les citoyens quant à son accès.

Afin de mieux saisir les transformations qui interviennent, **ce triple regard peut s'articuler autour de « moments »** dont il faudra définir la relative unité. Exercice délicat car, comme le signale François Furet, il n'y a pas homogénéité du temps : « Un taux de natalité n'évolue pas au même rythme qu'un système de relations internationales »[1]. L'ambition d'une histoire pluridimensionnelle nous conduit à prendre des distances par rapport à l'événement « marquant » utilisé comme date-charnière. Une décision aussi spectaculaire et lourde de conséquences que la déclaration d'inconvertibilité du dollar en or est l'aboutissement et la sanction d'une multiplicité de facteurs, de décisions (ou non-décisions) antérieures plus ou moins proches de l'événement qui relativisent sa signification charnière : peut-on affirmer qu'il y a rupture brutale distinguant fondamentalement un avant d'un après 15 août 1971 ?

Néanmoins, il est peu douteux que l'Amérique sorte profondément transformée de la grande crise puis de la guerre ; que la projection économique et militaire des États-Unis hors de leurs frontières accentue ces transformations ; qu'un équilibre s'établisse (parfois au terme de débats) entre le rôle de l'entreprise, la place de l'État, un certain mode social qui se maintient jusqu'au début des années soixante, l'Administration Kennedy constituant une période de transition.

La recherche de plus d'égalité acceptée par le corps social et promue par les Administrations démocrates, l'avènement de la Détente, la fin de la reconstruction européenne (et japonaise) peuvent constituer le seuil d'une seconde période. Celle-ci est traversée par des crises : politique (relations Exécutif-Législatif), internationale (rôle international des États-Unis), économique et sociale. Les choix de croissance et plein emploi, conçus comme moyen indolore d'accéder à une plus grande égalité des chances, ont eu une part non négligeable dans les « chocs » pétroliers qui ont accentué la dérive inflationniste de la seconde moitié des années soixante.

1. François Furet, *op. cit.*, p. 16.

De même, la perception d'une menace sur la position concurrentielle des États-Unis au sein d'une économie occidentale (avant de devenir « globale »), le poids de certains acquis sociaux et plus largement la crainte de l'incapacité croissante des États-Unis à s'affirmer comme la puissance-centre, ont entraîné la grande « réaction » de l'ère reaganienne amorcée sous la présidence Carter. Ces quinze dernières années sont marquées au coin de la notion de marché qui s'applique aussi bien à l'économie d'échanges qu'à la redéfinition des relations du travail ou des relations entre groupes sociaux, désormais moins médiatisées par l'intervention étatique. Cette approche en termes de marché continue, pour l'essentiel, à dominer la présidence Clinton.

Cette périodisation aux contours nécessairement imprécis doit nous permettre de souligner certaines évolutions, de préciser certains changements. Ceux-ci sont d'ailleurs précipités par ce qu'il est convenu d'appeler l'« accélération » de l'histoire qui tranche avec les transformations plus lentes des siècles précédents comme par le caractère fortement réactif de la scène politico-économique américaine.

Nous aborderons donc successivement ces trois grandes périodes (expansion et consolidation ; ouverture et crises ; retour en force du marché) en étudiant pour chacune le jeu complexe des actions-réactions des trois entités décrites au travers d'interrogations simples qui reviendront pour chacune des périodes :

– dans quel environnement l'entreprise évolue-t-elle ? (de quels atouts naturels et humains dispose-t-elle ? ; dans quel contexte législatif, social, international son action s'inscrit-elle ?) ; quel est son emprise sur cet environnement ? quelle est son organisation, sa structure et dans quelle mesure s'adapte-t-elle aux transformations de cet environnement ?

– quels sont les moyens d'action de l'État à l'égard de l'entreprise, de la société mais aussi du reste du monde ? quelles sont les priorités qu'il s'assigne dans les domaines économique et social ? quelles sont les limites à sa capacité d'intervention (en sachant que la légitimité de cette intervention n'est pas uniformément acquise *a priori* et donc sujette à des remises en cause).

– qui sont les membres composant la société américaine ? quelles sont les grandes caractéristiques du quotidien, et par quoi se traduit la confrontation de ce qui fait le rêve américain avec la réalité économique et sociale de ces cinquante dernières années ?

1

EXPANSION ET CONSOLIDATION

Au lendemain de la guerre, toutes les conditions sont réunies pour une expansion sans précédent de l'économie américaine. Les énormes contrats militaires ont puissamment relancé la production et la restructuration amorcée par la crise s'est poursuivie du fait des exigences de l'économie de guerre. Le relais est rapidement pris par une demande privée bridée pendant toute la durée des hostilités, à laquelle s'ajoute une aide économique et militaire en direction de l'Europe et du Japon puis des pays du tiers monde dans le cadre de l'affrontement Est-Ouest.

La domination politico-militaire des États-Unis leur assure un accès plus aisé aux ressources et aux marchés et apporte une garantie à leurs investissements, remplissant ainsi un objectif ancien de la diplomatie américaine. Bien plus, cette puissance absolue leur permet de structurer un ordre commercial et monétaire international qui répond autant à leurs ambitions qu'à leurs intérêts, même s'ils ont la sagesse de différer l'application de certaines dispositions trop contraignantes pour des partenaires occidentaux en pleine reconstruction.

Les bénéfices de l'expansion sont manifestes aux États-Unis. La croissance du PNB se maintient sans à-coup majeur et sans intervention directe de la part de l'État. Le solde des échanges est largement positif et les revenus tirés des investissements à l'étranger augmentent. L'entreprise prospère accorde, sur une base contractuelle désormais reconnue, des avantages salariaux et sociaux à ses employés — cols blancs comme cols bleus — qui rejoignent les rangs d'une classe moyenne forte de cette affluence.

Cette expansion s'accompagne d'un phénomène de consolidation. L'avance prise par la société géante américaine sur ses concurrentes occidentales détruites au niveau de la production est renforcée par un fossé technologique qui se creuse du fait des sommes investies dans la recherche-développement où les percées à des fins militaires connaissent d'importantes applications civiles.

Un équilibre est trouvé entre le progressisme volontariste, hérité de l'action menée par Franklin Roosevelt pendant plus de douze années de crise et de guerre, et la réaction empreinte de conservatisme du Congrès puis de l'Administration Eisenhower. Dans le monde incertain issu de l'affrontement Est-Ouest, un second système international, plus directement centré sur les États-Unis, est mis en place et progressivement consolidé par les Administrations successives, de Truman à Kennedy.

Les valeurs profondément « américaines » sont réaffirmées. Leur terre d'élection est bien sûr toute trouvée dans une classe moyenne en pleine expansion, mais elles semblent recevoir une confirmation éclatante dans une prospérité si largement partagée. Les dissonances provoquées par les revendications de la minorité noire ne paraissent pas remettre ces valeurs en cause aussi longtemps que le but visé est l'intégration.

1. L'Entreprise

La place qu'occupe l'entreprise au cours de cette période — qui peut aller jusqu'au printemps 1962 où Kennedy s'en prend violemment à U.S. Steel pour avoir enfreint les directives sur la stabilité de prix — relève d'un paradoxe. Elle se trouve au centre de la scène politique, économique et sociale, après avoir été vilipendée pour sa responsabilité dans la dépression des années trente et malgré la méfiance qu'inspire son gigantisme.

Ceci donne la mesure de son emprise sur son environnement national — l'État, la société — aussi bien qu'international. Quels sont les facteurs qui ont permis à l'entreprise de retrouver la place qui était la sienne à l'époque du libéralisme triomphant (les deux dernières décennies du XIXe siècle et les années vingt) et surtout d'asseoir sa puissance financière et technologique…? Nous examinerons tour à tour les atouts de l'entreprise et les supports de son expansion.

1.1 Les atouts d'une puissance retrouvée

La crise et la guerre ont accéléré le développement de l'entreprise pour lui donner une taille et une structure caractéristiques des sociétés industrielles modernes où dominent la demande de masse des produits de consommation courante et la nécessité de mobilisation de capitaux élevés.

Comme le montre fort bien Alfred Chandler[1], la conversion de l'entreprise américaine à la direction technocratique — celle des *managers* salariés — s'est effectuée au départ sous la pression de la législation anti-trust avec l'adoption du *Sherman Act* en 1890. La loi a en effet interdit les cartels ou ententes entre familles (un capitalisme familial qui s'est par contre maintenu en Europe ou au Japon) tout en autorisant les fusions pourvu que la firme par sa taille n'entrave pas le fonctionnement du marché en abusant d'une position dominante pour fixer les prix ou éliminer la concurrence. Le développement des oligopoles ainsi constitués s'opère dans un vaste marché intérieur qui, de plus, est homogène. L'entreprise est de ce fait davantage incitée à introduire des innovations dont le coût est répercuté sur un grand nombre de consommateurs ou à consacrer des sommes importantes à la recherche. Elle s'assure progressivement de la maîtrise de ses matières premières ou fournitures en amont jusqu'à la distribution en aval.

Dans un ensemble devenu aussi complexe, la coordination des flux et du travail d'employés nombreux n'est plus du ressort de l'entrepreneur-capitaine d'industrie, figure emblématique de la Révolution industrielle. Elle relève de la responsabilité des *managers* qui, en dehors de besoins ponctuels de fonds importants à des fins de réorganisation ou d'expansion, tentent également de s'affranchir de la tutelle des financiers.

Le contrôle managérial de l'entreprise, dont la concentration s'est poursuivie à la faveur de la crise, s'accentue du fait de la guerre. Les besoins du gouvernement sont énormes et la production à destination des forces américaines et alliées finit par atteindre près de la moitié d'un produit national brut qui a cru de près de 60 % (en dollars constants) entre 1940 et 1945.

1. Alfred D. Chandler jr. *The Visible Hand — The Managerial Revolution in American Business,* Cambridge Massachusetts, Harvard University Press, 1977.

L'entreprise sous-traitante de moindre taille a dû adopter les méthodes de gestion (prévisionnelle) des grandes sociétés à qui étaient confiés les contrats gouvernementaux. Ces exigences organisationnelles persistent dans la période de l'après-guerre par suite d'une demande qui demeure soutenue et de l'internationalisation de la firme. Cette expansion à l'étranger peut par ailleurs s'appuyer sur un réseau de succursales de banques américaines qui, contraintes par la législation fédérale dans leur zone d'activités (leur développement depuis la crise est strictement limité à l'État fédéré et à certaines opérations) multiplient leurs succursales en Europe.

Ce phénomène de **concentration et d'efficience accrue** se retrouve au niveau de l'exploitation agricole. La population agricole baisse de moitié entre 1940 et 1960, chute qui se retrouve dans le nombre d'exploitations, tandis que la surface agricole reste à peu près constante. la valeur de la production a dans le même temps, augmenté de moitié (en dollars constants) et l'agriculteur, qui nourrissait un peu moins de onze personnes en 1940, en nourrit vingt-six en 1960.

La capacité productive que l'entreprise tire de son organisation et de sa dimension tout à la fois, renforce son emprise et la nécessité de cette emprise sur son environnement — emprise qui peut s'affirmer dans un contexte politique et social qui lui est plus favorable.

La contribution des grandes sociétés à la production de guerre (en lien étroit avec le gouvernement fédéral) a en effet pour partie réconcilié les Américains et un milieu des affaires dont l'image avait été fortement ternie par la crise. Il leur est ensuite attribué l'essentiel du mérite de l'extraordinaire prospérité qui marque l'après-guerre — ce qui atténue les critiques à l'encontre du gigantisme et des risques qu'il fait peser sur la démocratie américaine tant au plan économique que politique.

L'entreprise peut donc jouir sans grande crainte des formidables atouts que lui confèrent un accès à des **ressources matérielles et humaines inégalées** : humaines, non seulement grâce à une population active plus nombreuse que n'importe lequel de ses concurrents mais surtout beaucoup mieux formée en conséquence du développement managérial dont il a été fait mention (ainsi que de l'aide financière de l'État à la formation des anciens combattants : *G.I. Bill* de 1944) ; matérielles, grâce à la dotation en ressources minérales et énergétiques exceptionnelle, sans parler de l'étendue du territoire et de la variété de climats qui rendent possible la culture d'une très large gamme de produits.

Les États-Unis disposent d'un tiers des réserves mondiales de charbon qui est toujours en 1945 la principale source d'énergie. Ils représentent plus de la moitié de la production mondiale de pétrole et de gaz après la guerre, ce qui leur permet de dominer le marché — et donc d'orienter les prix — jusqu'au début des années soixante-dix. Ils sont également les premiers producteurs de cuivre et sont bien dotés en fer, plomb, zinc, titane, vanadium… ou pour les minéraux non métalliques en phosphates, potasse, soufre et calcaires à ciment.

Mais l'expansion de l'entreprise accroît d'autant ses besoins et rend plus impérieuse la nécessité de s'assurer de la sécurité de ses approvisionnements. Si les États-Unis sont exportateurs nets de minerais jusqu'en 1920 et de pétrole jusqu'à la Seconde Guerre mondiale, leur dépendance par rapport à l'extérieur augmente rapidement ensuite : le solde importations/exportations de minerais, proche de zéro avant la guerre passe de 55 % de la consommation nationale en 1945 à 14 % en 1961 et les États importent près d'un tiers de leur consommation de pétrole, devenu la principale source énergétique en 1966[1].

La conscience de cette **dépendance croissante** conduit le président Truman à constituer la *Material Policy Commission* afin d'examiner la question de l'approvisionnement en matières premières des États-Unis. Une liste des matériaux stratégiques est dressée afin d'éviter toute rupture qui pourrait affecter la sécurité nationale.

Néanmoins, même si les trois quarts de ces matériaux stratégiques proviennent de pays sous-développés, les États-Unis ont des moyens diplomatiques et militaires nouveaux pour garantir à l'entreprise l'accès à ces ressources indispensables. La présence américaine s'est multipliée dans le monde par le biais de bases militaires ou d'entraînement de forces armées étrangères. Comme l'indique Harry Magdoff, les troupes américaines, qui

1. Chiffres tirés de Harry MAGDOFF, *L'Âge de l'impérialisme — l'économie de la politique étrangère des États-Unis,* Paris, F. Maspero, 1970, pp. 48-49.

étaient stationnées dans trois pays étrangers vers 1920, se trouvaient dans trente-neuf pays au cours de la Seconde Guerre mondiale et dans « au moins » soixante-quatre pays pendant les années soixante. Elles constituent à l'évidence une force de pression sur les gouvernements locaux pour maintenir la « porte ouverte » aux investissements et l'accès aux ressources nécessaires.

La puissance de l'entreprise se manifeste avec plus d'éclat après la guerre sur l'environnement socio-politique. Elle parvient en effet à faire modifier de façon radicale la législation concernant les droits syndicaux à son profit.

Après les luttes, parfois violentes, qui opposent les syndicats à ces capitaines d'industrie — barons voleurs de la fin du XIXe — soutenus par la troupe ou la police, la grande crise et la sympathie qu'elle engendre pour la cause syndicale ainsi que l'engagement de l'Administration Roosevelt mènent à l'adoption de plusieurs lois favorables aux syndicats : la loi Norris-La Guardia en 1932, le NIRA en 1933 et surtout la **loi Wagner** en 1935. Ces textes protègent l'exercice du droit syndical tels que le droit de se constituer en associations sans entrave de la part de l'employeur, le principe de la négociation collective, l'obligation d'appartenance au syndicat reconnu dans l'entreprise préalablement à l'embauche (*closed shop*) et l'interdiction de toute discrimination à l'égard d'un employé syndiqué.

La création d'une seconde centrale, la CIO[1], en 1936 étend l'influence des syndicats aux secteurs industriels où domine la production de masse accomplie par des ouvriers peu ou pas qualifiés, jusqu'alors laissés en dehors des syndicats de métiers regroupés dans l'AFL[2]. Aussi en 1945, un tiers environ de la population active agricole est syndiquée. Le front syndical se donne de surcroît les moyens d'une action renforcée grâce à la fusion de l'AFL-CIO en 1955.

Pourtant, les milieux d'affaires utilisent avec habileté les mouvements revendicatifs de la fin 1945-46 pour **réduire le pouvoir syndical**. La volonté d'un partage plus équitable des fruits de la croissance et d'un rattra-

1. *Committee for Industrial Organization.*
2. *American Federation of Labor.*

page des salaires à la suite de la levée des contrôles gouvernementaux provoque des milliers de grèves (près de 5 000) : elles concernent pour la seule année 1946 quatre millions six cent mille personnes (mineurs, électriciens, employés des secteurs automobile, sidérurgique…). Invoquant auprès d'un Congrès conservateur la nécessité d'un « rééquilibre », les milieux d'affaires obtiennent le vote d'une loi qui revient sur nombre des acquis syndicaux en dépit de l'opposition du Président Truman. La **loi Taft-Hartley** (1947), dont l'essentiel des dispositions subsistent aujourd'hui, supprime la *closed shop* et autorise même les États fédérés à adopter des mesures législatives levant la contrainte d'adhésion au syndicat représenté dans l'entreprise comme condition de confirmation de l'embauche (*unionshop*). Plusieurs États du Sud en voie d'industrialisation votent ces *Right-to-work laws*. Les syndicats peuvent de plus être poursuivis en justice pour violation de contrat en cas de grève sans préavis ou voir l'exercice de ce droit suspendu temporairement par décision présidentielle.

Cette transformation en profondeur du cadre législatif au profit de l'entreprise n'aboutit pas à nier tout pouvoir syndical. Les négociations entre « *Big Business* » et désormais « *Big Labour* » débouchent sur des contrats ou conventions généralement pluri-annuels réglant les salaires, les conditions de travail et les avantages sociaux accordés par l'entreprise (assurance maladie, complément à l'assurance chômage, à la retraite…) sans qu'aucun droit de regard ne soit jamais reconnu sur les décisions portant sur la production, la fixation des prix… qui appartiennent au seul *manager* en régime proprement capitaliste.

1.2 Les supports de l'expansion

Le contrôle des flux qu'exerce la structure technocratique et qui s'est affirmé plus encore avec la guerre, l'emprise sur l'environnement matériel et législatif permettent à l'entreprise de bénéficier au maximum d'**une demande soutenue** qui « tire » l'expansion après la guerre. Cette demande résulte en effet, 1. des achats (retardés par la crise et le conflit) des ménages et des entreprises, 2. des commandes publiques qui augmentent du fait du nouveau rôle assumé par l'État au plan national et international, 3. des exportations gonflées dans un premier temps par les besoins de la reconstruction en Europe et au Japon puis facilitées par la supériorité technologique et managériale de la firme américaine.

Les craintes d'une dépression consécutive à l'arrêt brutal des contrats militaires dès la fin des hostilités, comme cela s'était produit après la Première Guerre mondiale, s'avèrent rapidement sans fondement. Nous avons dit l'ampleur de l'absorption par l'État de la production nationale : dès le début du conflit en 1942, 100 milliards de dollars de commandes publiques sont passées, pour un PNB qui atteignait 124 milliards en 1941. En 1945, trois cent mille contrats sont brusquement annulés tandis que dix millions d'hommes sont démobilisés.

Cependant le relais est rapidement pris par une **demande privée** qui avait été très faible tout au long de la crise et sevrée pendant la guerre. Le PNB donne une indication grossière mais tout de même parlante de cette chute de la production et de la consommation : de 103 milliards en 1929, il tombait à 55 milliards en 1933, pour remonter à 90 milliards en 1939. Les capacités d'expression de la demande de biens de consommation et de biens durables (logement, véhicule, etc.) étaient limitées ensuite très sévèrement par la priorité donnée aux commandes militaires.

L'épargne forcée des ménages, les substantiels profits réalisés par les grandes sociétés, auxquels s'ajoutent les réductions d'impôts décidées par le Congrès en 1946, peuvent donc se porter sur des biens de consommation ou des biens d'équipement pour les entreprises. Des goulets d'étranglement apparaissent d'ailleurs dans des secteurs tels que la construction résidentielle ou l'industrie automobile.

La soudaine annulation des contrats militaires en 1945 ne signifie pas que cessent les commandes publiques destinées à la défense. Quoique restant concentrées dans les domaines de l'armement, de la construction navale ou aéronautique, les commandes se diversifient vers les composants électroniques, le domaine de la communication ou l'achat de produits industriels courants, compte tenu de l'extension des missions confiées aux forces armées sur tous les continents.

Dépenses militaires en pourcentage du PNB

ANNÉE	PNB en milliards de dollars	DÉPENSES MILITAIRES	POURCENTAGE
1945	211,9	80,537	38
1946	208,5	43,151	20,69
1947	231,3	14,769	6,38
1948	257,6	11,984	4,65
1949	256,5	13,987	5,45
1950	284,8	13,440	4,7
1951	328,4	20,858	6,35
1952	345,5	40,536	11,73
1953	364,6	44,014	12,07
1954	364,8	40,626	11,14
1955	398	35,630	8,95
1956	419,2	35,693	8,51
1957	441,1	38,719	8,78
1958	447,3	39,917	8,92
1959	483,7	44,603	9,22
1960	503,7	43,969	8,7

Chiffres tirés de *Historical Statistics of the United States* (voir bibliographie).

Cette **demande publique** de biens et services privés varie entre environ 5 et 10 % du PNB de 1946 à 1960. Elle joue un rôle contracyclique avec le réarmement entrepris pour des raisons de guerre froide en 1949, puis avec les dépenses liées à la guerre de Corée, puis de nouveau à la fin de la décennie et au début de la suivante par suite des menaces que paraît présenter l'avance militaire soviétique (missiles intercontinentaux et Spoutnik). Elle en vient à jouer un rôle tel pour les grandes entreprises liées par contrat au gouvernement fédéral que, dans son discours d'adieu, le Président Eisenhower, général et ancien commandant en chef des forces alliées en Europe, met en garde la nation américaine contre l'emprise exercée par « le complexe militaro-industriel ».

La troisième composante de la **demande** est **internationale**. Sa forme la plus traditionnelle est l'exportation de biens et services. La balance commerciale américaine est, au cours de la période, nettement excédentaire (elle le reste jusqu'en 1971) et des pourcentages élevés de la production sont exportés dans plusieurs secteurs : 20 % pour le matériel de transport, 16 % pour les machines agricoles, 40 % pour le blé, etc. (chiffres 1946).

Se développent, en outre, les **investissements américains à l'étranger.** Bien que les entreprises pionnières aient installé leurs premières filiales ou succursales (en Europe essentiellement) dès le début du siècle et que le mouvement se soit poursuivi dans les années vingt avec l'automobile, l'industrie chimique ou pétrolière…, l'abondance de capitaux, la supériorité économique américaine, l'effacement temporaire des concurrentes conduisent à un rapide essor des investissements. Ceux-ci sont de deux ordres : investissements de portefeuille, c'est-à-dire achat de valeurs mobilières (actions…) représentant en général moins de 10 % du capital de la société, ou investissements directs qui assurent un droit de contrôle. Ce second type d'investissement facilite la pénétration des marchés étrangers et est véritablement synonyme d'expansion. L'accroissement des ventes réalisées par les filiales des groupes chimiques, papetiers, sidérurgiques, automobiles etc., est bien supérieur au cours des années cinquante à la progression des ventes par exportation. En sus du pouvoir d'influence qu'ils confèrent à l'entreprise, ils génèrent des revenus de plus en plus substantiels.

Le financement de ces achats, dans une Europe et un Japon ruinés par la guerre, est, dans un premier temps, couvert pour une bonne part par l'aide publique américaine. C'est celle qui transite par l'UNRRA[1] à partir de 1943 pour les pays libérés, celle des prêts bilatéraux dont le plus important est négocié par la Grande-Bretagne en novembre 1945, celle surtout du plan Marshall qui s'élève à treize milliards de dollars pour la période 1948-1952. L'aide économique, qui équivaut aux trois quarts de l'aide totale américaine jusqu'à 1950, perd ensuite la priorité au bénéfice de l'assistance militaire, par suite de la guerre de Corée et de l'approfondissement de la guerre froide.

Au-delà des avantages financiers que l'entreprise retire de ces exportations et revenus d'investissement, la politique d'aide américaine a un intérêt

1. *United Nations Relief and Rehabilitation Administration.*

sur le long terme. Comme le déclare un contemporain au sujet de la fameuse *Public Law 480* qui systématise l'aide alimentaire au tiers-monde au profit des agriculteurs américains : « l'aide d'aujourd'hui constitue les marchés de demain ».

Des marchés qui sont acquis à l'entreprise américaine aussi longtemps qu'elle maintient sa supériorité technologique et managériale. Elle est écrasante dans les secteurs traditionnels de base tels l'acier et l'automobile (50 % de la production mondiale en 1950 et 1960 respectivement) mais aussi du fait de la guerre dans des secteurs plus nouveaux tels l'électronique, le caoutchouc synthétique et les plastiques, tout un éventail de produits chimiques, les alliages… Elle s'appuie également sur l'introduction de l'automatisation dans le processus industriel (contrôle numérique) : le premier ordinateur électronique est commercialisé en 1951 et trouve de nombreuses applications (secteur bancaire, aérospatial, automobile, assurance, compagnies aériennes, construction, recherche pétrolière, etc.). Elle profite enfin des investissements gouvernementaux dans la recherche (nombreuses retombées civiles) et l'éducation.

Cette période de Truman à Kennedy constitue donc un véritable âge d'or pour l'entreprise américaine.

2. L'État

La place de l'État, jusqu'à la présidence volontariste de Kennedy, constitue un second paradoxe. Alors que les grandes questions mondiales de l'après-guerre se règlent à Washington, New York ou autres lieux américains de conférences internationales, l'étendue des pouvoirs dévolus au gouvernement fédéral pour les options nationales majeures est l'objet d'un débat difficile. Bien qu'une coopération étroite se soit instituée pendant la guerre entre l'Administration Roosevelt et les milieux d'affaires — se substituant à l'hostilité ouverte des années trente — le refus d'une poursuite de l'intervention de l'État, une fois celle-ci terminée, est très net.

La reconnaissance du rôle international de la Présidence et du Congrès dans l'organisation d'un monde qui réponde aux objectifs tant économiques que politiques des États-Unis est donc en contraste avec les fonctions plus soigneusement circonscrites au plan intérieur et avec les choix qui sont faits au même moment en Europe : ceux d'un État-providence et d'une économie mixte avec un secteur public fort de la nationalisation de branches entières.

2.1 Une expansion sous contrôle

Des circonstances exceptionnelles ont amené le gouvernement central à étendre son champ d'intervention de manière considérable. Extension allant bien au-delà des pouvoirs élargis de l'État en période de guerre : restrictions à l'exercice de certaines libertés, réquisition des hommes et des forces productives dans l'intérêt national. Le second conflit mondial exige une mobilisation plus poussée des hommes, des femmes et de l'ensemble de l'économie pour livrer bataille au loin et soutenir l'effort des Alliés. Mais il fait suite aussi à plus de dix années de crise profonde où le gouvernement n'a pu se contenter d'attendre, comme c'était le cas auparavant, que le cycle achève sa course pour ramener l'économie à son niveau d'activité (et d'emploi) antérieur.

Ces quinze années ont donc bouleversé les rôles traditionnels de l'État et de l'entreprise. Les missions du premier se sont multipliées, plus sous la pression des circonstances que par la volonté des gouvernants. La mobilisation de la communauté nationale a été plus totale, l'allocation des ressources plus complète. Le financement de cette action a été assuré par une ponction fiscale sans précédent pouvant atteindre 94 % des revenus nets les plus élevés, contre 63 % seulement ! — lors de la Première Guerre (l'imposition sur le revenu a été instituée par le sixième amendement à la Constitution, ratifié en 1913, et procurant ainsi à l'État des ressources financières régulières et de grande ampleur).

La guerre et antérieurement la crise ont accru l'activité réglementaire de l'État. Réglementation des prix surtout : éviter qu'ils ne baissent trop du fait d'une concurrence sauvage au début de la grande Dépression et qu'ils ne fassent ainsi disparaître toute incitation à la production ou bien des dizaines de milliers de petits commerçants ; prévenir l'abus de situations de monopole lorsque économiquement celui-ci se trouve être le plus rationnel : cas des « services publics » du gaz ou de l'électricité, des télécommunications (ATT) ou situations de partage du marché entre quelques intervenants : transports routiers ou aériens ou encore mission de service public : contrôle des opérations de Bourse. Toutes ces réglementations sont adoptées entre 1934 et 1938. Enfin, contrôle des prix mis en place en 1941 avec l'*Office of Price Administration* ou OPA pour éviter que l'inflation provoquée par une brusque tension de la demande (contrats militaires) n'engendre surcoûts et revendications.

Au-delà de ces compétences qui pourraient encore trouver leurs justifications dans un État libéral classique, la crise, par sa dimension, a entraîné président et Congrès à assumer des **responsabilités économiques et sociales** totalement **nouvelles**, rompant ainsi avec la norme du gouvernement minimum (particulièrement en vigueur au cours des années vingt). L'assistance financière aux personnes et aux États fédérés en difficulté, les travaux publics (dont la *Tennessee Valley Authority* n'est que l'exemple le plus célèbre) qui ont conduit l'État fédéral à procurer directement un emploi à près de quatre millions de chômeurs, ont pris des proportions jamais égalées. La législation sociale a été aussi plus loin que les présidents progressistes du début du siècle n'avaient jamais pu aller : instauration d'un salaire minimum (*Fair Labor Standards Act* de 1938) en sus de l'appui aux syndicats procuré par le *Wagner Act* ; création d'un système d'assurance chômage financé par employeurs et employés et géré par l'État ainsi que de retraite (+ invalidité) obligatoire décidé par le ***Social Security Act*** de 1935.

Faut-il aller plus loin encore en 1945 ou mettre un terme, comme le réclame Robert Taft, le chef de file des Républicains conservateurs au Congrès, « à cinquante ans de Révolution » (faisant allusion aux présidences progressistes de Théodore Roosevelt de 1901 à 1909 et Woodrow Wilson de 1913 à 1921) ? Les problèmes inhérents à la conversion d'une économie pour près de la moitié mobilisée par la guerre et l'inquiétant précédent des années 1919-1921 militent en faveur d'un pilotage étatique. Les espoirs et attentes suscités par la « Nouvelle Donne » semblent également exiger que l'État continue à se préoccuper de la sécurité économique des citoyens et d'une équité accrue dans le partage des fruits de la croissance.

À l'inverse, c'est un « Retour à la normale » rappelant les années vingt, qui est voulu par la « Droite » conservatrice. L'omniprésence de l'État, comme l'ont trop bien montré les États totalitaires, mène à la servitude[1]. Le gouvernement doit garantir l'ordre public au moyen de la police et de la justice, la sécurité de la nation grâce à une force armée et tout au plus prendre en charge certaines infrastructures (ports, grands axes de circulation). Les sphères économique et sociale relèvent du secteur contractuel et marchand.

Le débat se cristallise autour de deux questions majeures : **les salaires et prix, et l'emploi**. Des questions qui, en économie libérale, sont du ressort du marché, de la négociation contractuelle.

La controverse sur le maintien de l'OPA, agence responsable depuis 1941 du contrôle des prix et des salaires, s'inscrit dans un contexte agité. L'agence est violemment critiquée par l'aile droite du parti républicain (Robert Taft) et l'organisation patronale américaine, parce que la fixation administrative des prix ne permet pas toujours une rémunération suffisante des facteurs de production et devient avec la fin du conflit une entrave injustifiée à la liberté de l'entrepreneur. Le blocage des salaires ne satisfait pas non plus les syndicats qui jugent que la stabilité des prix est loin d'être absolue et que la guerre a été une source de profits très conséquents pour les grandes sociétés — profits dont ils revendiquent une part plus équitable.

La démobilisation rapide de dix millions d'hommes et les incertitudes pesant sur la conjoncture avec la fin des contrats publics font également craindre pour l'emploi. Le souvenir de près d'un tiers de la population active au chômage est proche et là encore se pose la légitimité d'une intervention de l'État. Les conseils de révision ont par ailleurs révélé une Amérique trop souvent en mauvaise santé faute d'avoir les moyens financiers pour se soigner convenablement. Le marché peut-il offrir une réponse adaptée aux dix millions de logements qu'il faudrait construire sans tarder, à la régulation d'une production agricole pléthorique, aux problèmes de l'éducation… ?

Le président Truman propose au Congrès dès septembre 1945 d'adopter la charte des droits économiques dressée par son prédécesseur un an plus tôt.

---

1. Friedrich VON HAYEK (prix Nobel d'économie) *La Route de la servitude,* paru en Grande-Bretagne en 1944, 1re éd. française 1946, 2e éd., Paris, PUF, 1985.

DÉCLARATION DES DROITS ÉCONOMIQUES
(extrait)

De nos jours, ces vérités économiques s'imposent comme allant d'elles-mêmes*. Nous avons pour ainsi dire accepté une seconde** Déclaration des droits selon laquelle de nouveaux fondements reposant sur la sécurité et la prospérité peuvent être établis pour tous sans considération de rang, race ou religion.

Y figurent entre autres :

Le droit à un travail utile et rémunérateur dans l'industrie, le commerce, l'agriculture ou les mines de ce pays.

Le droit à un salaire suffisant afin de pouvoir se procurer alimentation, vêtements et loisirs.

Le droit de chaque agriculteur de produire et vendre avec un bénéfice qui garantisse à lui-même et à sa famille un revenu décent.

Le droit de chaque homme d'affaires, quelle que soit la taille de son entreprise, de commercer dans un environnement libre de toute concurrence déloyale et de la domination de monopoles nationaux ou étrangers.

Le droit de chaque famille à une demeure convenable.

Le droit à des soins médicaux appropriés et la chance d'avoir et de jouir d'une bonne santé.

Le droit à une protection convenable contre les craintes financières suscitées par la vieillesse, la maladie, l'accident et le chômage.

Le droit à une bonne instruction.

Tous ces droits sont synonymes de sécurité. Et lorsque la guerre aura été gagnée, nous devons être prêts à progresser dans la mise en œuvre de ces droits en direction de nouveaux objectifs de bonheur humain et de bien-être.

* expression empruntée à la Déclaration d'Indépendance du 4 juillet 1776.
** Le *Bill of Rights* fut adopté par le Congrès le 25 septembre 1789 et ratifié par les États le 15 décembre 1791.

Cette déclaration reprend les grands acquis du *New Deal* : salaire minimum, prix agricoles garantis, sécurité sociale… en ajoutant deux « droits » nouveaux : le droit à la santé et à l'emploi. Pour le premier, la couverture de la Sécurité sociale (chômage, retraite) serait étendue au risque maladie tout en laissant subsister une médecine libérale. Quant au second, il s'agirait d'éviter le retour des crises cycliques aux désastreux effets économiques et sociaux. Le projet de loi sur le plein emploi (*Full Employment Act*) propose de mettre à la disposition du gouvernement une somme de quarante milliards de dollars — pour un PNB de deux cents milliards — afin de relancer l'économie par le moyen de dépenses publiques et garantir ainsi à chacun un emploi rémunérateur.

L'agitation sociale qui se conjugue à l'opposition des milieux d'affaires, puis les élections parlementaires de novembre 1946 ont raison de l'OPA et de ce projet de charte économique. Le quatre-vingtième Congrès est résolument conservateur, les Républicains disposant d'une majorité dans les deux chambres pour la première fois depuis 1928 — majorité conservatrice qui est confirmée en 1948 par l'appoint des Démocrates conservateurs du Sud.

L'équilibre qui s'établit n'est pourtant pas en retrait par rapport à la période progressiste qui s'achève. Il n'est, pour la majorité des Américains de l'après-guerre, nullement question de revenir sur les principaux acquis du *New Deal*. De fait l'Administration Eisenhower qui s'installe pour huit ans en 1953 accorde aux agriculteurs le bénéfice de la Sécurité sociale, relève le salaire minimum, finance de nouvelles unités d'habitation. Elle crée même un nouveau département « ministériel » à la Santé, l'Éducation et l'Assistance : HEW. Elle décide du lancement d'un très ambitieux programme autoroutier : 65 000 km d'autoroutes sont ainsi construites sur près de vingt-cinq ans (il s'achève en 1980).

Les contrôles sur les prix et salaires sont cependant abandonnés dès le lendemain des élections de 1946. (Le président Truman devant la menace inflationniste les rétablit temporairement au début de la guerre de Corée). Bien que l'ensemble des mesures progressistes soient reprises en 1948, lors de la campagne présidentielle, sous l'étiquette de *Fair Deal*, l'opposition conservatrice prévient leur adoption. Elle élimine ainsi l'adjectif « plein » de la **loi sur l'Emploi** de 1946 qui dispose simplement qu'il est de la « responsabilité du gouvernement fédéral de promouvoir la libre entreprise qui offrira un emploi utile à ceux qui veulent le trouver et le conserver ». Il n'est pas question de dépenses publiques supplémentaires lors des récessions de 1953-1954 et de 1957-1958 — d'autant que le secrétaire au Trésor George Humphrey craint que le déficit budgétaire n'affaiblisse un dollar qui pourrait être attaqué par suite du (léger) déséquilibre de la balance des paiements (résultats des investissements directs à l'étranger et de l'aide économique et militaire). Ce sont donc les réductions d'impôt — surtout au profit des classes aisées — et une baisse des taux d'intérêt qui sont chargées d'éviter un approfondissement de la récession.

Deux facteurs contribuent néanmoins à transformer en profondeur la situation économique de l'après-guerre : l'existence des « **stabilisateurs automatiques** » et une **meilleure connaissance de la réalité économique.** L'un et l'autre évitent le retour des crises parfois profondes et durables qui caractérisaient le capitalisme d'avant-guerre. Les transferts sociaux : allocations de chômage, aide sociale, retraites, prix garantis aux agriculteurs…, qui pour la plupart augmentent lors d'une récession, exercent une action stabilisatrice. Ces transferts passent de 4 % des revenus en 1940 à 7,1 % en 1960. L'imposition agit de même et en sens contraire : elle baisse en cas de récession, laissant un revenu disponible supérieur et s'accroît en période de croissance (ou d'inflation, car avant la Présidence Reagan il n'y a pas de relèvement automatique des tranches d'impôt aux États-Unis qui permette d'en annuler les effets au niveau de l'imposition. Les impôts fédéraux progressent de 1,4 % du revenu des personnes physiques en 1940 à 10 % en 1960. Enfin les dépenses gouvernementales, par leur ampleur (de 9 % avant la grande crise, elles représentent près d'un quart du PNB en 1960), jouent également un rôle contracyclique important.

La loi sur l'Emploi de 1946 crée deux institutions qui améliorent très sensiblement la connaissance de l'économie et donc la capacité d'action gouvernementale : il s'agit du Comité des conseillers économiques — CEA — auprès du président, chargé entre autres choses de présenter un rapport annuel au Congrès (*Economic Report of the President*) ainsi que de la Commission économique mixte du Congrès, composée de membres élus et influents de la Commission des Finances du Sénat et de la Commission Voies et Moyens de la Chambre des représentants.

La période Truman-Eisenhower est en conséquence plutôt celle d'une consolidation au plan intérieur tandis que se produit un mouvement d'expansion décisif à l'extérieur.

2.2 L'organisation de l'économie-monde

Nous avons vu dans quelle mesure cette consolidation est la marque de l'emprise de l'entreprise sur la scène politique et sociale. L'entreprise n'est pas absente de la scène internationale. L'expansion américaine de l'après-guerre n'aurait en effet guère de sens si elle n'avait qu'une finalité politique.

L'ambition économique des États-Unis n'est pas uniquement et étroitement de garantir les investissements privés de leurs ressortissants à l'étranger ou l'accès aux ressources et marchés. Les objectifs bien plus vastes de l'Organisation des Nations Unies sont la paix, la stabilité et la prospérité mondiales. Celles-ci sont indissociables d'un environnement économique dans lequel l'entreprise s'insère tout naturellement — les plus grands bénéfices étant retirés par la nation la plus puissante.

Le lien entre l'économie et la politique dans cette **triade paix-stabilité-prospérité** apparaît aux contemporains de la charte de l'ONU à la lumière de la crise des années trente. La dépression qui des États-Unis a gagné l'Europe a entraîné une rupture des relations monétaires (étalon de change-or avec livre sterling et dollar s'échangeant contre or à cours fixes) et commerciales entre les grands pays occidentaux. La dépression a aussi miné les régimes démocratiques européens et japonais. Les politiques nationalistes ont conduit au cataclysme de la Seconde Guerre mondiale. Pour les responsables politiques américains il n'est en conséquence pas possible d'envisager un ordre international stable sans règles économiques communément acceptées. Elles seront à la fois le garant de la paix et de la prospérité. Mais ces règles économiques d'inspiration libérale, telles qu'elles transparaissent au niveau des principales institutions économiques internationales, sous-tendent elles aussi un certain ordre politique.

Le double ordre politique et économique voulu par les États-Unis peut se mettre en place en 1945 parce que Washington a les moyens intrinsèques de l'imposer et parce que les autres puissances (occidentales, tout au moins) ont besoin de la participation américaine à tout système susceptible de garantir la paix (comme l'a éprouvé l'échec de la SDN).

Les États-Unis disposent en effet d'une suprématie militaire encore incontestable (supériorité absolue de l'arme atomique, puissance logistique, capacité de mobilisation des ressources humaines et économiques) mais aussi financière et politique. Les capitaux ont afflué aux États-Unis dès avant la guerre, les deux tiers des réserves d'or s'y trouvent et l'Amérique est le principal créditeur des pays alliés. Ils se sont battus pour la défense de valeurs — la démocratie, le respect des libertés fondamentales… — qu'ils semblent le mieux incarner eux-mêmes. Quoi de plus « normal » qu'ils inspirent les principes directeurs de la Charte des Nations-Unies et des agences spécialisées qui composent l'ONU ?

Principes simples mais dont on voit bien comment ils peuvent servir les États-Unis autant et plus que le reste de la communauté internationale : l'interdiction du recours à la force (sauf en cas d'agression) — le monopole de la contrainte armée étant détenu par le Conseil de Sécurité dont l'Amérique est un membre éminent ; la liberté des peuples à disposer d'eux-mêmes qui servira au démantèlement des empires coloniaux que les États-Unis abhorrent ; l'égal accès aux ressources et marchés que Washington revendique sous le nom de « Porte ouverte » depuis la fin du XIXe siècle ; la coopération internationale dans les domaines économiques, sociaux, culturels…

La **coopération économique**, fondement de la paix, de la stabilité et de la prospérité mondiales, repose sur un « trépied » : trois agences spécialisées : la BIRD, l'ITO dont l'avatar est le GATT, le FMI[1]. Il existe une cohérence interne entre ces trois institutions pour ce qui est du rôle qui leur est assigné. La BIRD doit favoriser le développement économique ; celui-ci est à son tour accéléré par la division internationale du travail qui résulte d'échanges de biens et services plus poussés ; enfin l'accroissement des échanges est facilité par un système monétaire international sûr.

Dans un monde pacifié par l'entente des grandes puissances, l'essentiel des ressources et des énergies peuvent être consacrées au développement.

1. Banque internationale pour la reconstruction et le développement ; Organisation du commerce international ; Accord général sur les tarifs douaniers et le commerce ; Fonds monétaire international.

La BIRD, autrement appelée Banque mondiale, reçoit la responsabilité de « promouvoir les investissements étrangers et la croissance longue et équilibrée des échanges internationaux » (Article 1er de la Charte de la BIRD). Elle consent des prêts aux gouvernements pour développer les infrastructures ou à des entreprises privées afin de mettre en valeur les ressources naturelles. Une part des moyens financiers de la Banque provient de contributions des pays riches, ce qui leur donne un poids particulier dans la décision d'attribution des prêts. Une influence qui peut s'exercer soit pour orienter les investissements soit pour sanctionner par le refus d'octroi de prêt l'attitude « inamicale » de certains gouvernements (cas du Guatemala d'Arbenz, du Chili d'Allende, du Vietnam…[1])

Les échanges mondiaux 1929 - 1933

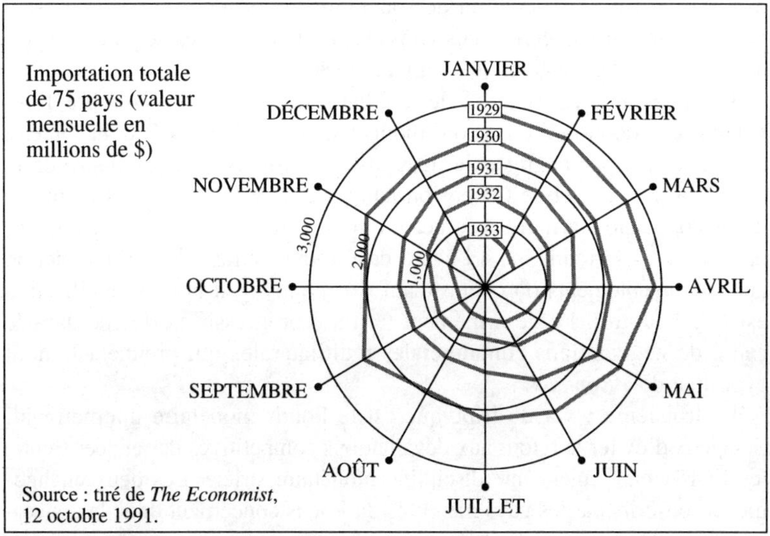

Source : tiré de *The Economist*, 12 octobre 1991.

1. Voir à ce sujet : Bartram S. Brown *The United States and the Politization of the World Bank,* New York, Kegan Paul International, 1992.

La politique américaine pour ce qui concerne l'ITO est plus ambiguë et l'on peut y voir la marque à première vue paradoxale de l'entreprise. Eu égard à sa très nette supériorité de l'après-guerre et au souvenir de la Grande Crise, son soutien à la libéralisation des échanges aurait pu sembler assuré.

L'hostilité des milieux d'affaires à l'égard de l'ITO a des causes multiples comme le montre très bien William Diebold[1]. Le protectionnisme américain demeure très fort dans certains secteurs, quels qu'aient pu être les mérites et succès de la grande loi sur la libéralisation des échanges adoptée en 1934 sous l'impulsion de Cordell Hull. Les sociétés américaines intéressées à l'export ou susceptibles d'investir à l'étranger critiquent sévèrement les dispositions protégeant les pays éprouvant des difficultés de balance de paiements (restrictions aux importations) ou concernant la protection des investissements (américains) à l'étranger — en cas de nationalisation par exemple. Enfin la délégation de souveraineté consentie à un organisme international sur lequel les États-Unis et surtout le Congrès ne pourrait exercer qu'un contrôle restreint leur paraît très fâcheux.

L'échec de la ratification de la Charte de l'ITO en novembre 1947 conduit à l'adoption d'un accord moins ambitieux, le GATT, dont l'intérêt n'est pourtant pas négligeable. Il repose sur trois règles : la clause de la nation la plus favorisée (extension automatique à tous les pays membres d'une concession tarifaire accordée à l'un d'entre eux) ; le traitement national (pas de discrimination à l'égard des produits étrangers) ; l'interdiction des contingentements ou quotas (sauf exceptions dont la plus significative est l'agriculture). Le désarmement tarifaire progressif s'effectue dans le cadre de négociations commerciales multilatérales qui prennent le nom évocateur de « *Round* ».

Le troisième volet du triptyque est le Fonds monétaire international. Soucieux d'éviter le retour aux dévaluations compétitives des années trente, les États-Unis veulent une discipline monétaire stricte. Les deux engagements souscrits par les pays membres du Fonds concernent donc la convertibilité et la parité de leur monnaie. Toutes les monnaies doivent être

1. William DIEBOLD JR. « The End of ITO », *Essays in International Finance* n° 16, oct. 1952, Princeton University Press.

librement convertibles en or (seuls les États-Unis s'y engagent) ou en dollar (ou livre sterling) et transférables en cas de règlement d'achats de biens ou services (un contrôle des mouvements de capitaux est autorisé). La parité — ou la valeur d'échange — doit être déclarée au Fonds (35 dollars peuvent être échangés contre une once d'or), tout changement de parité devant être pour des raisons impératives préalablement accepté par le FMI.

La **guerre froide** qui s'intensifie avec le coup de Prague en février 1948, puis le blocus de Berlin à partir d'avril 1948, ne signifie pas que les agences spécialisées de l'ONU sont de ce fait paralysées. L'Union soviétique et les pays communistes ont d'emblée refusé de se joindre à ces organisations de type capitaliste. Mais elle oblige au **renforcement économique puis militaire des Alliés**, contribuant ainsi à créer un véritable « camp » autour des États-Unis, dont l'objectif de départ était universaliste.

Face à ce qui est appréhendé comme une menace soviétique, les États-Unis sont contraints de mettre en place un dispositif se superposant — au moins temporairement — à cette organisation universelle. Comme l'explique George Marshall à ses compatriotes dans son célèbre discours, les risques de « détérioration économique, sociale et politique d'une extrême gravité » sont provoqués par le dénuement des populations européennes. L'aide bilatérale apportée par les États-Unis ou les prêts de la BIRD, qui manque de capitaux, sont insuffisants pour la reconstruction de l'Europe, qui paraît à l'Amérique le moyen le plus sûr de résister à la tentation du communisme.

Le **Plan Marshall** adopté par le Congrès le 2 Avril 1948 alloue près de treize milliards à l'Europe à la condition d'une coopération pour la répartition des fonds et si possible pour la coordination des plans de reconstruction nationaux. L'OECE[1] est ainsi créée le 16 avril 1948, établissant un code de libération des échanges et instituant progressivement des comités techniques au sein desquels les Européens (de l'Ouest) apprennent à collaborer en matière économique. Elle s'avère être un succès remarquable puisque les restrictions aux échanges disparaissent graduellement et qu'en 1958 toutes les monnaies européennes sont redevenues librement convertibles.

1. Organisation européenne de coopération économique qui devient l'OCDE en septembre 1960.

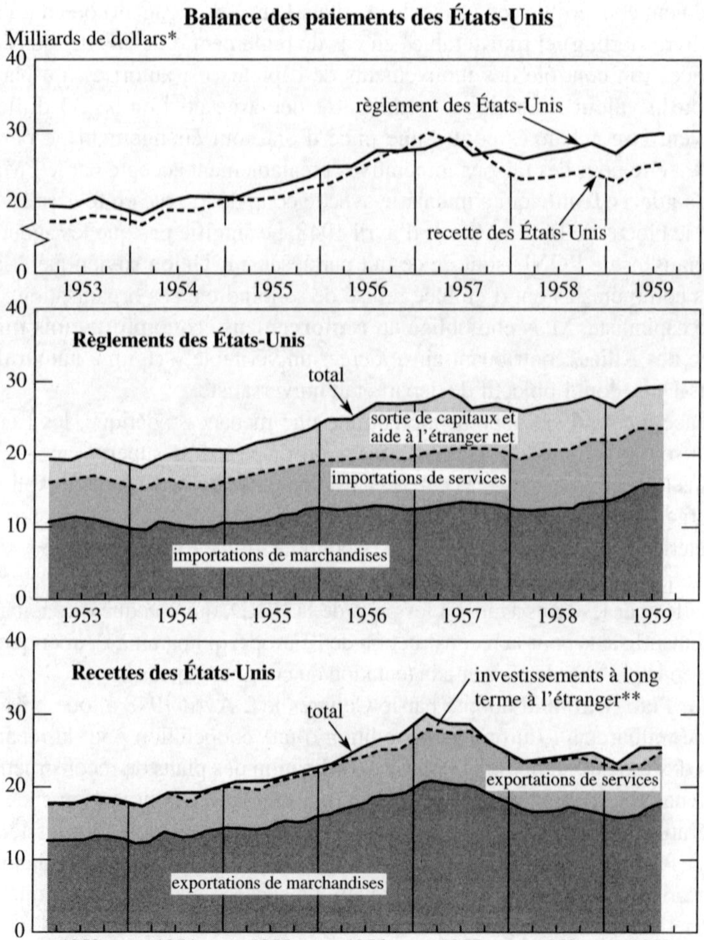

* taux annuels corrigés des variations saisonnières

**comprend des rentrées non identifiées

Source : document du Département du commerce, Rapport économique du président, 1960.

Le blocus de Berlin puis la guerre de Corée accélèrent l'engagement américain en Europe puis dans le reste du « Monde libre », créant un « cordon sanitaire » autour du bloc communiste. Des alliances militaires ainsi conclues, la plus élaborée est l'**Alliance atlantique** (4 avril 1949) consacrant la place privilégiée de l'Europe. Suivent l'ANZUS (septembre 1951) l'OTASE (conclue à l'issue de la guerre d'Indochine en juillet 1954), le Pacte de Bagdad en 1955.

La paix et la prospérité, désormais en quelque sorte promises à l'Occident, créent des obligations pour les États-Unis. Les interventions militaires ont un coût et l'aide est un pari sur un avenir plus ou moins rapproché. La traduction immédiate est une sortie de dollars de plus en plus élevée, que les revenus des investissements à l'étranger ne peuvent compenser. Le déficit de la balance des paiements américains qui regroupe la balance des biens et services, les transferts unilatéraux (essentiellement l'aide) et la balance des capitaux — s'aggrave à partir de 1958, comme l'indiquent les graphiques ci-contre tirés de *The Economic Report of the President* de 1960.

Mais le fardeau de la *Pax Americana* n'est pas sans contreparties. Les États-Unis, à la faveur de la guerre, ont pris le contrôle d'une grande partie des réserves pétrolières du Moyen-Orient dans les régions jusqu'alors sous influence britannique. Leurs nombreuses bases militaires et leurs responsabilités d'approvisionnement de l'Occident sont le moyen et la justification d'interventions directes ou plus « discrètes » par l'intermédiaire de la CIA. L'aide économique et militaire, comme les investissements américains, est une source d'influence certaine sur les pays hôtes ou bénéficiaires.

Ainsi se structure une économie-monde autour des États-Unis avec des puissances économiques « satellites » et à la périphérie des régions qui fournissent le centre comme les pays intermédiaires en matériaux ou produits agricoles bruts, indispensables à leur prospérité.

3. La Société

L'unité qui se dégage de cette période allant de l'échec de la Charte des droits économiques à la politique de plein emploi et la lutte contre la pauvreté lancées par les présidents Kennedy et Johnson est celle d'une prospérité sans précédent et d'une exclusion de plus en plus intenable.

Il existe, semble-t-il, deux Amériques : l'une qui littéralement prospère ; ses gains sont sensibles et viennent grossir les acquis consolidés du *New Deal* et de la guerre. Elle s'enferme dans cette Forteresse Amérique que souhaitent dresser les plus conservateurs des hommes politiques dont Robert Taft, candidat à la présidence contre Dwight Eisenhower, est le plus éclairé. Elle en exclut délibérément tout ce qui lui est étranger — venant d'autres rives et candidat à l'immigration, ou différent par choix ou par couleur de peau. À l'âge d'or des classes moyennes s'oppose donc la négation du rêve américain pour tous les exclus.

3.1 L'âge d'or des classes moyennes

Le concept de classes moyennes n'est pas facile à cerner. Il se définit plus simplement par soustraction que par un faisceau d'indicateurs homogènes. C'est pour cette raison qu'il est préférable de l'utiliser au pluriel. Appartiendraient ainsi aux classes moyennes tous ceux qui ne sont membres ni de la classe ouvrière ni de l'élite, toutes deux abondamment étudiées et décrites.

À ce critère soustractif, il faut bien sûr en ajouter d'autres. Une approche par les revenus peut apporter quelques indications. La définition d'un seuil de pauvreté, utilisée par les Administrations démocrates des années soixante, fournit une mesure basse extrême en dessous de laquelle une personne, quel qu'ait pu être son statut antérieur, ne dispose plus des moyens financiers de participer tant soit peu à ce rêve américain. Ce seuil, résultat d'une enquête menée en 1955, s'établit à trois fois le coût d'une alimentation décente pour un ménage (statistique). À la fin des années cinquante, plus d'un cinquième de la population américaine vit en dessous de ce seuil de pauvreté et se partage 5 % du revenu national.

Cette première approche très imprécise peut être complétée par un second indicateur : le pouvoir. Pouvoir de participer aux innombrables décisions qu'implique un processus de production et de distribution complexe, c'est-à-dire de posséder une qualification professionnelle suffisante et ne pas être assujetti à des tâches répétitives dans l'un des trois secteurs économiques. La gestion managériale de l'entreprise et le développement des missions gouvernementales multiplient le nombre d'employés répondant à ce critère. La limite haute est ici l'élite industrielle, financière, politique et militaire qui détient le pouvoir décisionnel ultime et reçoit (pour partie en retour) une proportion élevée du revenu national.

Enfin les classes moyennes se distinguent particulièrement au cours de la période, par leur mode de vie et leurs valeurs. Ce mode de vie, c'est tout le quotidien braudélien : ce que ces masses de gens consomment — alimentation, habillement... — les lieux où ils vivent et leur type d'habitat, leurs loisirs, leur nombre d'enfants peut-être et l'éducation qu'ils aspirent à leur donner... C'est aussi leurs valeurs, ce qui inspire leur conduite et leurs grands choix. L'importance donnée à la famille, à la religion, l'attachement à la patrie, le travail conçu comme moyen d'identification et de promotion individuelle et sociale.

Pour la première fois dans l'histoire de la nation, les rangs des classes moyennes sont grossis après la guerre de la frange supérieure des cols bleus ainsi que des exploitants agricoles ; ceci se produit sous l'effet de deux phénomènes : l'action redistributive du gouvernement fédéral et les concessions salariales et non salariales que consent une entreprise florissante.

La fiscalité fédérale, à cause de la guerre et des options politiques du président Roosevelt, s'est à la fois alourdie et est devenue très progressive exerçant une ponction élevée sur les revenus les plus hauts. Inversement les transferts sociaux constituent un appoint sensible pour les revenus inférieurs. À l'intérieur de ces transferts, les dépenses d'assistance (aide aux personnes âgées, aux invalides, aux familles nécessiteuses) sont bien plus faibles que les versements au titre de l'assurance (assurance chômage, assurance vieillesse) parce que ce concept — celui de la contribution des bénéficiaires — a été privilégié à l'époque du *New Deal*. Ce sont ces versements qui améliorent sensiblement la condition des classes moyennes.

Les subventions à l'agriculture transforment aussi la situation financière d'une population agricole qui représente 18 % de la population en 1946 (mais qui a chuté de moitié en 1960). La grande loi de 1933 — l'AAA[1] — a

1. *Agricultural Adjustment Act.*

en effet introduit le principe de prix garantis en contrepartie d'une limitation de la production. Ceci évite une surproduction qui faisait chuter les prix et ruinait les agriculteurs. Afin d'empêcher que la concurrence extérieure n'ait le même effet dépressif sur les prix, les États-Unis soustraient le secteur agricole de la libération des échanges prévue par le GATT. De plus, une partie de cette production est achetée par le gouvernement fédéral pour être distribuée sous forme d'aide internationale ou pour compléter l'alimentation des enfants (puis les familles) défavorisés. Enfin, le phénomène de concentration, qui en augmentant la taille des exploitations en accroît la rentabilité et donc les revenus des propriétaires, sort la plus grande part de cette population de la misère endémique qu'elle connaissait.

L'**élargissement des classes moyennes** aux travailleurs qualifiés de l'industrie tient à la situation exceptionnelle de l'entreprise américaine après la guerre et à la puissance syndicale. Soucieuse de paix sociale, l'entreprise préfère négocier des accords qui excluent en fait le recours à la grève. Ces contrats pluriannuels portent non seulement sur les salaires, les horaires de travail, les conditions d'embauche, de licenciement et de promotion — revendications traditionnelles — mais sur un éventail de plus en plus large d'avantages en nature : les pensions de retraite complémentaire, des allocations supplémentaires en cas de licenciement, une couverture médicale (puisque ce n'est pas un risque couvert par la Sécurité sociale) et la durée des congés payés (il n'y a pas de législation dans ce domaine). Le mot d'ordre syndical reste « Plus » (ou toujours plus) pour reprendre l'exclamation célèbre du premier président de l'AFL, Samuel Gompers. Et les managers salariés de l'entreprise accordent davantage à des syndicats plus soucieux des intérêts de leurs adhérents membres des classes moyennes que de l'amélioration de la condition ouvrière.

La conséquence de l'action de l'État et de la contractualisation des relations industrielles est un net effet redistributif en faveur des classes moyennes. Si l'on considère la répartition du revenu national par quintiles (tranches de 20 %) entre 1941 et 1960, on remarque le revenu du quintile inférieur n'a guère varié : 4,1 % en 1941 contre 4,8 % en 1960 ; que le revenu des 5 % supérieurs a fortement baissé : de 24 % à 15,9 % — ceci n'est que partiellement reflété dans le quintile supérieur : 48,8 % en 1941 et

41,3 % en 1960, ce qui signifie que les 15 % restants du quintile ont vu leurs revenus progresser. Pour les second, troisième et quatrième quintiles, la progression est respectivement de 2,7 %, 3,7 % et 3,1 %.

Pour les classes moyennes de l'après-guerre « Dieu est américain »[1]. Elles connaissent la double bénédiction du **confort matériel** et d'une **sécurité inégalée.** Protection contre les aléas de l'existence par le filet (même imparfait) tissé par l'État et par la contractualisation pour les salariés des grandes sociétés. Sécurité morale, car ce succès même paraît comme la confirmation éclatante du bien-fondé des valeurs qu'elles observent.

L'abondance des biens privés auxquelles elles peuvent accéder est tout aussi manifeste. D'autant que la consommation est encouragée par le développement de la publicité, du crédit, comme par certaines dispositions législatives : le montant des acomptes sur l'achat à crédit est abaissé et les intérêts versés pour l'acquisition de biens durables (automobile, logement...) sont rendus déductibles de l'imposition sur le revenu. Dès 1950, chaque ménage dispose en moyenne d'une voiture et d'un téléphone (les trois quarts des voitures et la moitié des téléphones du monde sont alors américains), près de 12 % possèdent un ou plusieurs téléviseurs et l'équipement ménager devient plus sophistiqué (premières machines à laver la vaisselle...).

Le logement s'améliore grâce aux progrès de la construction préfabriquée, à un accès facilité à la propriété, aux aides de l'État (aux anciens combattants, au logement social...), au mouvement massif vers la banlieue, facilité par la voiture et le développement de l'infrastructure routière. La maison en banlieue devient le dénominateur commun des classes moyennes. Elle est en effet synonyme d'espace par rapport aux centres engorgés, aux conditions sanitaires parfois précaires, à la criminalité élevée... Elle offre l'attrait de zones commerciales, de parcs d'amusement, de services publics de qualité (puisque financés par les impôts locaux). Elle permet l'épanouissement d'un mode de vie qui privilégie les loisirs centrés sur la famille, le jardin, la télévision, les voisins qui ne sont qu'un autre vous-même.

---

1. *God is an Englishman* est le titre d'un roman anglais de la fin du XIXe siècle.

La famille américaine s'agrandit du fait de ces conditions matérielles propices, comme de la volonté des GI's de trouver à leur retour le confort d'un foyer. La remontée du taux de natalité — il est de 26,6 % en 1947 et s'établit autour de 25 % ensuite pour amorcer une baisse à partir de 1959 — contraste avec les « années creuses » de la crise où il se situait entre 18 et 19 %. Il reflète une confiance plus grande dans l'avenir et imprime plus de dynamisme à une société rajeunie, tout en stimulant l'économie par les besoins ainsi créés : biens de consommation, services publics de proximité…

Le rêve américain — qui s'achète dans une économie essentiellement marchande (voir encadré sur la critique de J.K. Galbraith) — est devenu accessible au plus grand nombre. Il est fait d'un emploi sûr et rémunérateur, de l'automobile et de la vie en banlieue, d'une famille qui a toute chance d'une vie future meilleure encore, des perspectives de promotion pour un nombre toujours plus élevé de diplômés de l'enseignement supérieur et grâce à une économie dont la croissance a été stabilisée.

La Société d'Opulence

L'économiste de Harvard, ambassadeur en Inde sous la présidence Kennedy puis conseiller du Président Johnson s'inscrit dans la lignée du courant radical américain. Cet ouvrage[1], qui connaît un succès immédiat, est écrit en 1958 et constitue une critique tant des politiques keynésiennes que libérales antérieures ou postérieures à la crise de 1929.

Selon l'auteur, le trait majeur des sociétés industrielles contemporaines est d'avoir réussi à résoudre les problèmes de survie de l'espèce par la maîtrise de la production d'aliments, de vêtements et de logement, tout en continuant, à une époque d'abondance, à privilégier la production de biens privés aux dépens des indispensables biens publics. Ceci vaut pour les administrations républicaines dont l'idéologie les porte à se méfier de l'État comme pour les démocrates dont l'obsession du plein emploi les conduit à maintenir un taux d'activité élevé quelles que soient les répercussions inflationnistes d'une politique administrée comme une panacée.

1. John Kenneth GALBRAITH, *L'Ère de l'opulence*, trad. de l'américain par Andrée R. Picard, Calmann-Lévy, 1985.

Tout concourt donc à une surconsommation de biens privés et à une hausse longue des taux d'inflation. La publicité crée le besoin de produits fabriqués en masse par l'appareil industriel — d'où l'image fameuse de la « filière inversée ». La concurrence, bien qu'elle soit en théorie au cœur du système capitaliste, jouant un indispensable rôle de régulation, a été évacuée ; elle est en effet synonyme d'insécurité à la fois pour l'État (dans sa gestion globale de l'économie), pour les grandes entreprises (à cause de l'incertitude sur les quantités à produire et sur les profits) et pour les syndicats (du fait des conséquences potentielles sur l'emploi).

L'excès de la consommation privée conduit au gaspillage et à la dégradation de l'environnement. Il s'effectue surtout au détriment des biens publics — infrastructures, éducation et autres services fournis par la puissance publique — dont les effets économiques sont à la fois immédiats et durables. La médiocrité de l'éducation, l'insalubrité de nombreux logements et l'absence de soins médicaux adéquats pour tous maintiennent dans un état de misère et de dépendance toute une partie de la population qui pourrait participer au mieux-être de l'Amérique. Les investissements insuffisants dans les secteurs vitaux de la formation et de la recherche ont également une influence négative sur l'innovation, désormais le fruit d'un travail collectif plutôt que d'un esprit inventif isolé.

C'est donc par un rééquilibre entre biens publics et privés que les sociétés industrielles avancées pourront faire face de manière dynamique et harmonieuse aux problèmes de marginalisation et de dégradation qui les menacent.

3.2 La négation du rêve pour les exclus

Ce droit au bonheur, reconnu au même titre que la liberté et l'égalité dans la Déclaration d'Indépendance des États-Unis, est cependant refusé à ceux qui appartiennent aux « minorités » et à la plupart des candidats à l'immigration. L'Amérique riche de l'après-guerre fait ainsi fi de deux de ses principes constitutifs : celui d'une terre ouverte à l'immigrant ainsi que celui d'un État qui rejette les distinctions entre ses citoyens et aspire à l'unité (*One nation for all*).

Il est vrai que la discrimination raciale n'est pas chose nouvelle aux États-Unis et que le développement séparé des deux races a même été jugé comme étant constitutionnel par la Cour suprême (Plessy *vs* Ferguson,

1896). Il n'est pas moins vrai que les frontières des États-Unis commencent à se fermer aux Chinois en 1882, aux Japonais en 1908, puis de manière plus universelle (sauf l'hémisphère américain) en 1921 et 1924.

Cependant crise et guerre ont imposé la solidarité, le sens d'une communauté nationale face à la tradition individualiste, rappelle Robert Reich[1]. C'est l'égal sacrifice face à l'ennemi, l'universalité des principes de justice et de respect de tous les hommes, en même temps que la condamnation des génocides raciaux, qui devraient interdire à l'Amérique la poursuite du développement séparé. C'est aussi la contribution de réfugiés qui ont pour nom Einstein, Oppenheimer ou Fermi qui rend plus difficilement justifiable cette porte tout juste entrebâillée alors que des millions de réfugiés sont victimes de la guerre froide. L'Amérique, telle une forteresse intérieure, paraît s'enfermer dans ses peurs et/ou dans son confort.

La guerre froide constitue aux yeux du Congrès un motif suffisant pour maintenir les très restrictives lois des quotas de 1921 et 1924. La détresse des réfugiés à la Libération conduit à des dispositions législatives et réglementaires spécifiques qui font remonter le nombre d'immigrants admis annuellement aux États-Unis de 50 000, niveau auquel il était tombé pendant les années trente et la guerre, à environ 250 000 (pour une population de 140 millions en 1945). Les réticences sont beaucoup plus vives lorsqu'il est question d'admettre les Européens de l'Est fuyant le régime soviétique (*Displaced Persons Act* de 1948). Deux lois de 1950 et 1952[2] sont d'ailleurs explicites sur ce point : toute appartenance passée à une organisation totalitaire ferme l'accès aux États-Unis et, en cas de découverte postérieure à l'octroi de la citoyenneté, l'immigrant ancien membre du parti communiste peut être déporté. L'Amérique vit alors le cauchemar de la « chasse aux sorcières ».

Restrictive, la législation sur l'immigration devient sélective. Hormis les travailleurs agricoles de l'hémisphère américain (programme *Bracero*), les candidats à l'immigration doivent présenter certaines caractéristiques :

1. Robert B. REICH. *Tales of a New America,* N.Y., Times Books, 1987. L'auteur, professeur d'économie politique, est le secrétaire au Travail du président Clinton.
2. *Mc Carran Act* et *Mc Carran-Walter Act.*

seront retenus « ceux dont les services sont considérés par le ministre de la Justice comme étant nécessaires aux États-Unis de manière urgente à cause d'un degré élevé d'instruction, de qualification professionnelle, d'expérience spécialisée ou de capacités exceptionnelles » (*Mc Carran-Walter Act*). Jusqu'à la loi de 1965, ce sont ainsi principalement des immigrants très qualifiés dans les techniques industrielles ou membres des professions libérales qui sont admis.

Du rêve américain sont également exclus ceux qui choisissent ou beaucoup plus fréquemment sont condamnés à vivre en marge de la société (voir encadré sur l'ouvrage de Michael Harrington). Ce rejet procède du même principe : le refus de l'autre, surtout lorsque celui-ci est noir. Noirs et Blancs se battent dans des régiments séparés pendant la guerre ; la décision présidentielle d'interdire la discrimination raciale dans les industries de défense (*Fair Employment Practices Commission* de 1941) est peu suivie d'effets et le Congrès refuse sa prorogation après la guerre. La ségrégation demeure la règle dans les écoles et en ce qui concerne l'habitat : les actes de vente continuent à comporter une clause engageant le propriétaire à ne vendre ni louer à un « indésirable » non-blanc.

L'Autre Amérique[1]

L'effet de choc est délibérément recherché. L'auteur, travailleur social engagé, s'attache à décrire la condition des exclus de la prospérité, « rejects », et à dénoncer l'ignorance ou l'indifférence de ses concitoyens vis-à-vis de cette « Amérique invisible ». L'objectif clairement énoncé est de provoquer « la colère et la honte » face à une situation intolérable dans ce « pays-phare ».

Au travers de cette description d'un autre univers, Michael Harrington veut dissiper le malentendu trop courant qui est né du titre de l'ouvrage de J.K. Galbraith : aux côtés de cette société d'opulence existe un monde de misère qui, selon les estimations, comprend entre 20 à 25 pour cent de la population américaine. À l'exception des « *Beats* » qui veulent « épater le bourgeois » et protester contre un univers étouffant, l'auteur nous emmène au cœur du ghetto

1. Michael Harrington, *L'Autre Amérique : la pauvreté aux États-Unis*, trad. française, éd. Gallimard, 1967.

physique et mental (pour reprendre l'expression de Martin Luther King) peuplé par tous les exclus : ceux qui ont eu la malchance de naître dans une région — les pauvres Blancs des Appalaches ou du Sud rural —, de connaître le chômage par suite des mutations technologiques et de l'absence de qualifications, de vivre la solitude et la pauvreté de la vieillesse et pire encore, d'être noir c'est-à-dire d'ajouter à toutes ces infortunes le handicap de la ségrégation.

Rien n'existe qui puisse remédier à ces maux. Car la protection sociale (allocations de chômage, pensions de vieillesse et salaire minimum) instaurée par le *New Deal* ne bénéficie qu'aux deux tiers supérieurs de la population américaine. Ni les syndicats, ni les hommes politiques ne s'intéressent au sort des ouvriers migrants (dont la condition dramatique décrite dans *Les Raisins de la colère* ne s'est guère améliorée), des agriculteurs pauvres qui cachent leur misère loin des villes ou finissent par les rejoindre pour grossir la foule de ces travailleurs occasionnels et exploités. Comme l'écrit Michael Harrington : « le socialisme est pour les riches, la libre entreprise pour les pauvres ».

L'invisibilité — l'auteur reprend ici le titre du célèbre roman de l'écrivain noir Ralph Ellison — de cet autre monde tient à une prospérité de plus en plus répandue. La crise des années trente avait fait de la pauvreté un fléau national et contraint le pays à y porter remède. Ce n'est plus le cas. Pourtant, l'auteur presse l'Amérique avec force de lutter contre ce qu'il serait trop aisé de considérer comme une fatalité. Dans son intérêt propre : car au-delà du risque social que représentent ces masses miséreuses, il y a un formidable gâchis humain. Cet énorme potentiel de quarante à cinquante millions d'individus, plutôt que d'être un poids pour la communauté, pourrait être un facteur de richesses supplémentaires. Il n'est besoin que de briser le cercle vicieux de la pauvreté par une « croisade » dirigée contre ces ghettos par un habitat, une formation, des soins médicaux appropriés…, une croisade qui doit être menée par l'État fédéral qui seul dispose des moyens financiers et de l'infrastructure nécessaires.

L'Autre Amérique a eu immédiatement un grand retentissement. L'ouvrage, ainsi qu'une nouvelle conscience sociale dont le « barde » Bob Dylan s'est fait l'écho, ont contribué à cette « attaque contre la pauvreté » que décident de lancer John F. Kennedy et à sa suite le président Johnson.

Il est d'ailleurs politiquement suicidaire d'aller à l'encontre du sentiment majoritaire. Le volet « droits civiques » du programme présidentiel d'Harry Truman en 1948 avait provoqué une révolte dans les rangs des Démocrates du Sud. Le progressiste Adlaï Stevenson se voit préférer Dwight Eisenhower par les membres plus conservateurs de son propre parti en 1952. Il revient donc à la Cour suprême présidée par Earl Warren de prendre la célèbre **décision « Brown »** de 1954 déclarant la ségrégation scolaire inconstitutionnelle, tout en reconnaissant qu'il faudra « se hâter lentement » pour la faire appliquer. La troupe est envoyée à Little Rock, Arkansas en 1957 pour protéger un élève noir, mais l'Administration Eisenhower se juge impuissante lorsque toutes les écoles publiques sont fermées par décision du gouvernement jusqu'en 1960.

Deux Amériques coexistent donc : celle d'une majorité dont la prospérité et le contentement ne sont encore guère troublés par les revendications ou la contestation de l'autre laissé à la porte, à la marge. S'il est une croisade extérieure (pour les droits de l'homme, des peuples, pour le développement économique, gage de paix…) qui d'ailleurs tourne à la consolidation impériale, c'est le besoin de paix intérieure qui, par delà les soubresauts du maccarthysme, l'emporte.

Comment interpréter la courte victoire de John Kennedy sur Richard Nixon aux élections de 1960 ?

Elle ne paraît répondre ni à une impatience face aux choix intérieurs ni à une remise en cause de la diplomatie économique et militaire. Les options des deux candidats en matière de relations avec le bloc communiste ne diffèrent guère et le caractère indispensable du *leadership* américain est pareillement réaffirmé. Même la rhétorique de la Nouvelle Frontière — débarrassée des accents propres à une campagne présidentielle — n'augure pas d'une rupture avec l'Amérique de l'après-guerre.

Il ne s'agit donc pas encore de choix de société. Simplement l'élan qu'incarne le jeune sénateur (issu d'une famille patricienne) est légèrement préféré par une Amérique rendue plus confiante par le constat de bien des succès et à laquelle on propose d'en engranger d'autres.

2

OUVERTURE ET CRISES

La présidence de Kennedy ne constitue pas une rupture mais plutôt une transition. Le candidat démocrate hésite à apporter un soutien à Martin Luther King, emprisonné pour atteinte à l'ordre public, et donc une caution à la lutte pour les droits civiques, car il risque de se couper par cela de son électorat sudiste. Il se saisit des thèmes de l'emploi, de la pauvreté mais ne conçoit pas un traitement de l'ampleur qu'il finira par prendre.

Un glissement se produit, accéléré par des événements comme peut-être par la confiance qu'ont les contemporains dans la capacité de faire face aux difficultés qui se posent. Des événements qui sont contenus en germe dans la période précédente : la révolte des minorités est le résultat des frustrations trop longtemps contenues ; le Vietnam, l'héritage d'une théorie des dominos sans doute dépassée ; les *Kennedy* et *Tokyo Rounds*, la conséquence d'une logique de libéralisation et de réciprocité que les États-Unis ont voulu inscrire dans l'Accord général (GATT) ; les accès de spéculation contre le dollar, la persistance des déficits de balance des paiements…

L'ouverture vient des verrous qu'il faut bien faire sauter ou qui cèdent sous les multiples pressions qui s'exercent. Verrous intérieurs comme extérieurs et volonté comme contrainte. L'ouverture sur l'extérieur a été voulue par les États-Unis car synonyme de paix et de prospérité ; mais elle est également imposée par une Europe qui menace de se fermer ou par un tiers-monde rejetant la politique d'aide et capable de chantage face aux deux blocs.

Quels liens peuvent être établis entre ouverture et crises ? Les crises sont nombreuses et semblent finir par engouffrer l'Administration Carter qu'un traitement radical fait hésiter. Crises de l'empire militaire — Vietnam, OTAN —, du centre de l'économie-monde que les multinationales conduisent à affaiblir plutôt qu'à renforcer, crises monétaires au travers d'un dollar attaqué et qui entraîne le système monétaire international dans sa chute ; crises pétrolières et donc d'un mode de croissance ; crises politique et sociale d'une présidence omniprésente et omnipotente (du fait de toutes les missions qu'elle en vient à assumer) et conflit de valeurs entre la responsabilité assignée à la communauté et celle que doit conserver l'individu. Période troublée, qui débute dans une assurance peut-être naïve pour s'achever dans le désarroi.

1. L'Entreprise

Comme le déclarait Charles E. Wilson[1] de manière péremptoire à la Commission du Sénat chargée d'approuver sa nomination comme secrétaire à la Défense en 1953 «… pendant des années, j'ai toujours pensé que ce qui était bon pour General Motors était bon pour le pays et vice versa. Il n'y avait pas de différence. » Il y avait alors un consensus politique et social à peu près total sur l'identité des intérêts de la firme et ceux de la nation. La confiance dans la capacité de l'entreprise à contribuer au renforcement de la puissance américaine et à l'accroissement de la prospérité de ses citoyens donne la mesure de son emprise dans l'après-guerre.

Au début des années soixante, cette confiance s'est en partie dissipée. L'osmose entre les milieux d'affaires et le parti républicain ne se retrouve pas sous les Administrations démocrates. Mais plus encore, l'entreprise n'identifie plus ses intérêts à ceux de son pays — comme les syndicats le comprennent avec retard au début des années soixante-dix. De même, la supériorité économique des États-Unis qui, selon l'expression de Lester Thurow, ne requérait aucun effort, n'est plus aussi absolue — quoiqu'elle paraisse éclatante aux contemporains — et commence à susciter des réactions négatives.

Au cours de la présidence Carter (1977-1981), l'entreprise qui a cherché des solutions macro-économiques (modification des taux de change, négociations commerciales…) à ses difficultés, commence à envisager des

1. Président de General Motors.

réformes internes tout en soutenant une approche gouvernementale plus radicale face à l'inflation, à un excès d'intervention étatique etc. Au moment où le dollar connaît son niveau le plus bas depuis la guerre, le pays s'inquiète du phénomène de désindustrialisation qui le menace.

1.1 Les exigences de l'ouverture

Il peut paraître surprenant que le pays qui a tant insisté pour que s'instaure une libération des échanges, une liberté d'accès sous le nom de « porte ouverte », ait non seulement conservé mais encore ajouté à l'arsenal protectionniste existant avant la guerre. C'est davantage sous la pression des partenaires européens qui ont achevé leur reconstruction et se sont unis que du fait de l'assurance de leur propre supériorité que les États-Unis s'orientent résolument vers le désarmement tarifaire puis non tarifaire.

Pourtant, cette supériorité technologique et managériale est partout proclamée, parfois pour être dénoncée. Car l'emprise de la firme multinationale sur les ressources naturelles en Afrique, en Amérique latine où s'exerce une très forte pression militaire (voir le roman de Gabriel Garcia Marquez *Cent ans de solitude* par exemple) ou sur l'économie d'un pays telle que la condamne le général de Gaulle provoque des réactions nationalistes de plus en plus fréquentes. D'autres, comme Jean-Jacques Servan-Schreiber dans *Le Défi américain*, ouvrage au retentissement immédiat, s'attachent à démontrer les raisons du succès américain : le dynamisme d'une nation qui favorise l'initiative individuelle, l'innovation, l'autonomie du monde des affaires et des sociétés géantes qui peuvent s'appuyer sur d'énormes contrats de recherche gouvernementaux (c'est par exemple le cas, pour les premiers transistors et calculateurs électroniques) ainsi que sur la coopération avec les plus grandes universités… un succès qui doit inspirer l'Europe et l'inciter à s'unir pour mieux relever ce défi.

Le dynamisme de la jeune Amérique paraît s'incarner dans la figure de son président, John Kennedy, résolu à mettre en œuvre la puissance économique et financière de son pays pour atteindre de nouvelles frontières, dont celle de l'espace où le premier Soviétique s'est aventuré en 1957 avec Spoutnik. Élan qui entraîne les imaginations mais aussi coup de pouce à la recherche fondamentale dont les retombées doivent accentuer l'avance technologique (le « *technological gap* » dont tout le monde parle dans les années soixante) des États-Unis. Le solde de la balance commerciale américaine augmente fortement alors que la croissance connaît des taux inégalés depuis la guerre. C'est à peine si l'on remarque qu'en 1959, pour la première fois au XXe siècle, les États-Unis importent plus d'acier qu'ils n'en exportent et que dès 1955 ils doivent protéger leur industrie textile contre la concurrence japonaise…

L'ouverture ne devrait donc rien avoir d'une gageure. D'autant qu'une industrie manufacturière et une agriculture toujours plus productives ont besoin des débouchés qu'offrent de moins en moins un marché intérieur qui devient saturé pour les produits de consommation courante. Mais il existe parallèlement un lobby protectionniste actif — le Comité national de l'Industrie, l'Agriculture et du Monde du Travail pour la Politique d'Importation-Exportation qui s'appuie sur une industrie textile très organisée au Congrès (car présente dans de nombreux États fédérés), sur l'industrie chimique protégée depuis 1922[1] par *l'American Selling Price* (un produit chimique importé paie un droit de douane généralement très élevé sur la base du prix du produit américain identique ou équivalent), sur une partie des produits agricoles (produits laitiers notamment), sur les producteurs d'alcool etc. Les États-Unis peuvent invoquer plusieurs dispositions législatives pour bloquer des importations qui risqueraient de porter préjudice à une industrie nationale ou prévenir un abaissement des droits de douane lors de négociations commerciales, s'il est jugé qu'il y aurait un risque pour les secteurs en question (procédure du « *peril point* »).

Le défi européen

La pression des partenaires mais plus encore des événements a raison des oppositions intérieures. L'Europe s'est en effet non seulement reconstruite, elle s'est unie. Non dans le cadre de l'OECE à cause des objections britanniques mais au travers de la Communauté européenne du Charbon et de l'Acier puis du Marché commun et de l'Euratom. Cette unification, en

1. Loi Fordney-Mc Cumber.

privilégiant les échanges intracommunautaires au moyen d'une élimination des droits de douane au sein de l'union et d'un « mur » tarifaire commun pour les produits venant de l'extérieur, peut constituer un frein sérieux aux exportations américaines.

Il faut, pour prévenir la fermeture de ce marché-clé (la Grande-Bretagne demande à se joindre au six en 1961), soit conclure un accord de libre échange États-Unis/Europe de l'Ouest, soit négocier une baisse des droits de douane telle qu'elle supprime ou atténue l'effet discriminatoire du Tarif Douanier Commun. Le rejet de la proposition américaine de Partenariat atlantique par le général de Gaulle conduit à la grande négociation du *Kennedy Round* au cours de laquelle les droits sur les produits manufacturés des deux principales puissances économiques et commerciales sont abaissés de 36 % en moyenne pour tomber (toujours en moyenne) en dessous de 10 % de part et d'autre.

Pareille libéralisation des échanges, favorable à l'Entreprise exportatrice, comporte cependant des exigences qui ne sont pas suffisamment prises en compte par une économie généralement convaincue de sa supériorité. Pour demeurer compétitives sur leur propre marché et sur ceux de l'Europe, les sociétés américaines doivent maintenir avec leurs concurrentes un écart de productivité suffisant pour compenser l'écart des coûts de production et au premier chef de main d'œuvre, qui restent bien inférieurs en Europe. Or cette dernière a considérablement amélioré son outil de production (la vente de machines-outils est l'un des premiers postes à l'exportation vers les États-Unis) ; elle a investi dans des technologies nouvelles qui, en particulier pour la sidérurgie, lui confèrent un avantage sur les acieries américaines, tandis que les coûts de main-d'œuvre se sont alourdis aux États-Unis par suite des concessions salariales et sur les avantages en nature.

Les méthodes de production américaines deviennent également inadaptées à la demande de marchés qui ont évolué depuis la reconstruction. Les succès du fordisme de l'après-guerre, qui permettaient la production en grandes séries de biens moyennement sophistiqués et très demandés sur tous les marchés, commencent à représenter un handicap par la rigidité qu'il induit dès lors que la production s'oriente vers des produits fabriqués en séries plus limitées : la flexibilité qu'engendre l'habitude de marchés plus étroits où le producteur est capable de répondre rapidement à une demande spécifique procure un atout décisif : le « toyotisme » supplante graduellement le fordisme.

Le décalage qui sépare ce que l'on pourrait appeler la période 1, celle de l'après-guerre, de la période 2, celle de l'après-reconstruction et du retour sur la scène industrielle (et agricole) des anciens pays industrialisés (Europe et Japon) est analysé avec beaucoup de lucidité par le célèbre MIT[1]. Il reproche entre autres choses à l'industrie son esprit de clocher qui la retient de s'intéresser aux progrès scientifiques et technologiques ailleurs qu'aux États-Unis et aux caractéristiques d'autres marchés que le sien parce qu'il lui a longtemps été suffisant. La crise énergétique porte ainsi un coup très rude à une industrie automobile habituée à des modèles surdimensionnés et incapable d'une reconversion rapide.

Apparaît au cours des années soixante une nouvelle structure de société industrielle dont la crise de la décennie suivante révèle les handicaps : le conglomérat. Au lieu de l'entreprise traditionnelle dont l'expansion passe par la diversification de la production dans des domaines qui sont liés à sa compétence initiale (grâce aux apports de son unité recherche), le conglomérat se constitue par l'achat de sociétés dont la sphère d'activité n'a aucun rapport avec celle de l'acquéreur. C'est souvent le cas lorsque le secteur d'activité de ce dernier n'offre guère de perspectives de croissance. Les sociétés ainsi acquises conservent l'essentiel de leur autonomie, le conglomérat étant géré par une élite de financiers ou de juristes uniquement préoccupés par la rentabilité immédiate de ces nouvelles divisions. L'absence de compétences techniques et d'investissements appropriés dans des secteurs plus exposés à la concurrence fragilise les entreprises qui ont adopté ce mode d'organisation.

L'érosion de la compétitivité américaine

Elle se manifeste dès la fin des années soixante au travers d'un indicateur global : la balance commerciale, qui traduit plus une tendance qu'elle ne fournit d'éléments d'analyse précis. Les chiffres sont néanmoins parlants :

1. Massachusetts Institute of Technology. *Made in America,* Commission du MIT sur la productivité industrielle, Paris, Inter Editions, 1990.

le solde sur le poste marchandises (produits agricoles et industriels) passe de 6,831 milliards en 1964, début du *Kennedy Round* à 612 millions en 1968 (fin de la négociation) et 621 millions en 1969 (début des réductions tarifaires). Ce solde devient négatif pour la première fois depuis la fin du XIXe siècle en 1971. Deux autres indicateurs corroborent ces chiffres : le brusque afflux de projets de loi protectionnistes sur le bureau des assemblées parlementaires et l'accélération des investissements directs à long terme à l'étranger : de 1,5 milliard sur les premières années de la décennie, ils atteignent 4,4 milliards en 1970. Ces deux derniers éléments sont symptomatiques des premières réactions de l'entreprise à la crise.

1.2 Tactiques de crise

La notion de crise ne renvoie pas ici simplement à la crise énergétique des années soixante-dix. Le premier choc pétrolier, nous allons le voir, apporte plutôt un répit à l'économie américaine confrontée à une concurrence internationale croissante. Elle correspond comme le proposent les économistes, à la rupture d'un *trend* (ou tendance) : celui de la montée en puissance inexorable de l'entreprise américaine un moment freinée par la « Grande Dépression » puis brutalement accélérée par la guerre et la reconstruction. L'expansion de l'entreprise n'est pas interrompue mais ralentie et celle-ci obligée à un redéploiement.

Face à cette transformation de son environnement, l'entreprise cherche plutôt des palliatifs. Elle cède le plus souvent à la tentation de la délocalisation, fermant des sites industriels géants et célèbres à Dayton (Ohio) pour Firestone et Chicago pour US Steel par exemple, symboles d'une « ceinture de la rouille » (*Rust Belt*) qui s'étend. Mais elle se tourne aussi vers l'État pour obtenir une modification des taux de change, une protection contre la concurrence étrangère… tout en finissant par l'accuser d'être la source de tous ses maux.

La surévaluation du dollar devient un leitmotiv après que la spéculation s'attaque à la monnaie américaine au début des années soixante (les déficits de la balance des paiements s'amplifient à partir de 1958). Il est vrai qu'en dépit du principe des parités fixes déclarées au Fonds monétaire international, posé en 1944, certaines monnaies ont connu une série de dévaluations pour tenter de rétablir la compétitivité de l'économie nationale. La livre sterling, l'autre grande monnaie de réserve, a été ainsi dévaluée à deux reprises : de 30 % en septembre 1949 et de 15 % en novembre 1967. La fréquence est bien supérieure pour notre monnaie : le franc français, dont la parité est arrêtée fin 1945, est dévalué de 100 % en février 1948 : de 120 anciens francs pour un dollar il faut désormais 214 francs ; quatre autres dévaluations suivent : automne 1948, septembre 1949, octobre 1957, août 1969 où il faut 4,62 francs pour le même dollar (Le mark et le florin sont réévalués de 5 et 9 % en mars 1961 et octobre 1969).

Les chefs d'entreprises sont donc fondés à soutenir que les parités monétaires ne reflètent plus les puissances respectives des économies occidentales. Il faut cependant attendre le regain de spéculation contre le dollar après la publication des chiffres du commerce extérieur du second trimestre 1971 pour qu'une première **dévaluation** de 9,3 % soit décidée ; elle est suivie d'une seconde de 10 % en février 1973 ; en mars (1973) le président Nixon laisse flotter la devise américaine. En juin-juillet 1973, juste avant la guerre du kippour et le premier choc pétrolier, le dollar a perdu 50 % de sa valeur de l'après-guerre. Il atteint son point le plus bas en 1979, avant le second choc pétrolier. La balance commerciale ne se redresse pas pour autant. Elle enregistre un solde légèrement positif en 1973, puis au moment de la récession de 1975, mais le déficit se creuse ensuite : il est de 31,1 milliards de dollars en 1978 et de 27,6 milliards en 1979.

La dépréciation monétaire ne peut apporter qu'un répit illusoire puisqu'elle augmente d'autant les coûts des importations incompressibles. Chaque fois qu'il en aura les moyens, le fournisseur cherchera à compenser les effets de la perte de pouvoir d'achat ainsi enregistrée — une des causes principales des deux chocs pétroliers.

Le traitement commercial de cette perte de compétitivité n'apporte pas de solution plus immédiate. La part des États-Unis dans les échanges mondiaux décline de 16 % entre 1960 et 1970 et de 23 % supplémentaires la décennie suivante. La politique commerciale américaine s'oriente de plus en plus dans deux directions opposées, aussi inconciliables puissent-elles être au niveau des principes. L'une se veut offensive, l'autre est résolument défensive.

L'**ouverture commerciale** se poursuit avec le *Tokyo Round* (1973-1979). La septième négociation GATT est entamée sur la demande de l'Administration Nixon qui pose cette condition au retour à la convertibilité du dollar en or, suspendue depuis le 15 août 1971. Les exportateurs se plaignent des « pratiques déloyales » (*unfair practices*) de leurs concurrents, les accusant d'avoir substitué aux droits réduits de près de la moitié lors du *Kennedy Round*, des obstacles non tarifaires : normes techniques, licences d'importation ou dépôts préalables à l'importation, taxes discriminatoires à l'égard des importations, calendriers d'importation pour les produits agricoles etc… Il convient donc d'éliminer ou de codifier ces pratiques gouvernementales (en particulier les subventions, les marchés publics) et d'achever ou continuer le processus de désarmement tarifaire. La négociation est cependant rendue plus délicate par le conflit franco-américain sur la libération des échanges agricoles et l'arrêt ou le très fort ralentissement de la croissance consécutif à la brusque hausse du prix du pétrole.

Le **lobby protectionniste**, ridiculisé par la campagne présidentielle de promotion de ce qui allait devenir le *Kennedy Round* et le silence du lobby textile acheté par deux accords successifs de restrictions volontaires des exportations (l'un couvrant la période 1961-1962, le second la période 1962-1967) avec les principaux fournisseurs des États-Unis, opère en retour en force à la fin des années soixante. En fait, dès la fin du *Kennedy Round* en juin 1967, on assiste à une hausse vertigineuse des propositions de loi protectionnistes, soit en faveur d'un secteur particulier (aux textiles s'ajoutent l'acier, les chaussures et mille autres produits) soit introduisant des dispositions plus larges : interdiction des importations lorsqu'elles conduisent à réduire la part de marché américain dans un secteur ou lorsqu'elles proviennent de pays où les salaires sont inférieurs à ceux des États-Unis (en pratique, tous les partenaires des États-Unis à l'époque). L'ASP est maintenu pour les produits chimiques et de nouvelles dispositions sont prises, pour l'acier notamment. Celles-ci, supposées transitoires et devant permettre au secteur en bénéficiant de retrouver sa compétitivité, perdurent et n'apportent pas le remède escompté.

La troisième direction dans laquelle s'oriente l'entreprise en mal de compétitivité est la **délocalisation** de sa production. Il se produit un double phénomène de mouvement en direction du Sud des États-Unis et d'investissements directs à l'étranger (localisations multiples). Le premier trouve son origine dans la loi Taft-Hartley qui donne le droit aux États fédérés de rendre l'adhésion au syndicat représenté dans l'entreprise non obligatoire (*Right-to-work States*). Droit qu'utilisent de nombreux États du Sud, ce qui les rend très attractifs aux sociétés recherchant un environnement favorable (*business climate*). C'est ainsi que les entreprises textiles, General Motors, General Electric... installent des unités de production dans le Sud dès l'après-guerre ; l'autre tactique consistant à avoir deux unités de production ou de sous-traitants en concurrence l'une dans le Nord, l'autre dans le Sud. Cette délocalisation se poursuit à partir de 1965 au Nord du Mexique par suite d'un accord intergouvernemental autorisant les sociétés américaines à y implanter des usines de montage et à réexpédier les produits terminés aux États-Unis en ne payant des droits de douane que sur la valeur ajoutée — c'est-à-dire sur la base de salaires mexicains très bas.

Les investissements directs à l'étranger (IDE), en dehors des industries extractives, ont pour objectif initial l'accès à des marchés protégés. La perspective de création d'un vaste marché où circuleraient librement les produits en Europe a tout de suite constitué un puissant aimant pour les sociétés américaines. Plutôt que d'attendre une libéralisation incomplète des échanges, il est préférable de se transporter sur les marchés ciblés et d'être par la même plus proche des consommateurs. C'est ce que décident de faire très vite les grands constructeurs automobiles américains. Ces IDE sont facilités par un dollar « fort » et partout accepté jusqu'en 1971 — ce qui amène certains gouvernements (dont le nôtre) à craindre une mainmise sur les secteurs les plus performants de leur économie. L'automatisation croissante de la production requiert une main-d'œuvre moins qualifiée et qu'il est possible de trouver à coûts bien inférieurs aussi bien en Europe que dans les pays du Tiers-Monde où les investissements sont sûrs (effets de la *Pax Americana*).

Les IDE comportent cependant un double inconvénient pour l'économie américaine et suscitent un débat de plus en plus vif. Ils augmentent le déficit de la balance des paiements américaine et alimentent la spéculation contre le dollar jusqu'en 1971. L'Administration Johnson qui, comme la précédente, se refuse à dévaluer, impose donc une taxe de 15 % sur les investissements de portefeuille (achat de valeurs étrangères), puis fixe des limites facultatives devenant rapidement obligatoires sur les IDE. Ces dispositions ne parviennent guère à freiner le mouvement : la valeur des actifs (immobilisations) américains à l'étranger passe de 11,8 milliards de dollars en 1950 à 31,9 en 1960 ; 75,5 en 1970 et 213,5 milliards en 1980.

Le second inconvénient est estimé être plus sérieux à terme pour l'économie nationale. Ce ne sont pas simplement des capitaux que les sociétés américaines exportent (ceux-ci peuvent d'ailleurs être levés dans les pays d'accueil) : ce sont des emplois ainsi qu'une compétence technologique et managériale. Les syndicats américains se dressent ainsi contre les IDE, cherchant au travers d'un important projet de loi (Burke-Hartke, 1973) à restreindre de façon draconienne les sorties de capitaux, les transferts de technologie et les importations. Inversement, les grandes sociétés se défendent des accords de coproduction, de la vente de licences de procédés de production ou de la participation directe dans le capital de leurs principaux rivaux industriels, en argumentant que la meilleure façon de résister à la concurrence étrangère est de devenir soi-même son propre concurrent… alimentant ainsi le débat de fond et de chiffres sur la désindustrialisation des États-Unis[1].

Les « bénéfices » de la crise énergétique

Dévaluations compétitives, dispositions protectionnistes, délocalisations à l'intérieur ou à l'extérieur de l'espace nord-américain sont trois tactiques utilisées par l'entreprise pour retrouver sa compétitivité tant sur son propre marché que sur les marchés tiers. La crise énergétique qui met à nu certaines des faiblesses de l'entreprise, telles l'inadéquation croissante de ses produits ou les insuffisances de la structure conglomérale, lui permet également de différer des ajustements pourtant indispensables.

Le premier choc pétrolier — embargo puis hausse des prix (de 2,9 dollars avant la guerre du Kippour en octobre 1973 le baril passe à près de 12 dollars fin 1973) — exerce une énorme ponction sur les revenus des grands pays industrialisés qui s'étaient habitués à une énergie peu chère. Combiné à cet

1. Voir à ce sujet l'excellent *The Deindustrialization of America*, Barry BLUESTONE, Bennet HARRISON, New York, Basic Books, 1982. et la réponse de Robert Z. LAWRENCE : *Can America Compete ?* Washington D.C., The Brookings Institution, 1984.

L'envolée du brut

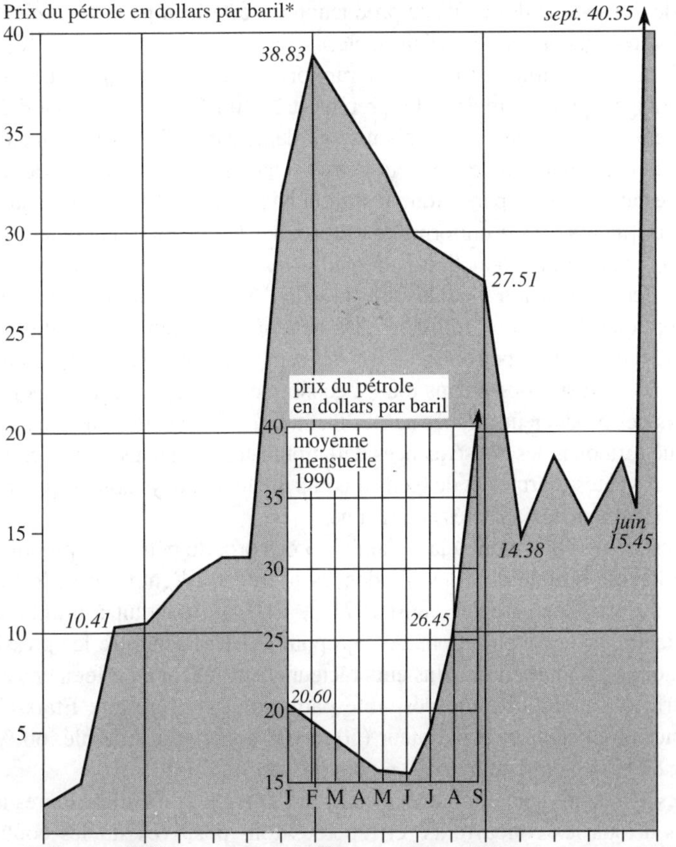

* *cours du pétrole britannique « brent » à partir de 1976 et prix officiel de l'« Arabian light saoudien » de 1972 à 1975 inclus*
moyenne annuelle de 1972 à 1989 (Source : *BP Statistical Review).*
La courbe ci-dessus retient comme base la moyenne annuelle des prix du brut - prix officiels jusqu'en 1975, cours du marché britannique depuis lors.

Source : *Le Monde, Dossiers et documents*, novembre 1990, n° 18, 1.

effet déflationniste, il a un puissant effet inflationniste du fait de l'augmentation de l'ensemble des coûts de production (directement pour l'énergie utilisée, indirectement pour les salaires, etc.).

L'entreprise américaine a, par rapport à ses concurrentes, une série d'avantages qui se cumulent. Le premier, très immédiat, est un coût d'énergie bien inférieur. Les États-Unis ne sont dépendants d'approvisionnements extérieurs que pour un tiers de leur consommation en 1973. Le prix des deux tiers restants est gelé par l'Administration Nixon qui établit une péréquation entre raffineurs afin d'uniformiser les prix sur le territoire américain (entre pétrole importé et production nationale). Les autres avantages proviennent d'un effet de diffusion d'atouts que possède l'Amérique, première puissance économique, financière, militaire ; les bénéfices fabuleux que réalisent les grandes compagnies pétrolières (cinq des sept « *majors* » sont américains) et qui sont « redistribués » dans toute l'économie ; le « recyclage » des pétrodollars des producteurs arabes par les institutions financières américaines qui atténue fortement les conséquences déflationnistes de la hausse ; l'augmentation des ventes d'armes et de biens d'équipement aux pays arabes qui profite essentiellement aux sociétés américaines.

Presque parallèlement à la « flambée » des prix du pétrole se produit une autre hausse brutale dont les dividendes profitent à l'entreprise : le triplement du prix des céréales entre 1971 et 1973 qui conduit à un embargo américain sur les exportations de soja pour éviter d'accroître les pressions inflationnistes intérieures. Plusieurs facteurs contribuent en effet à créer une pénurie qui engendre une véritable panique et confère aux États-Unis, premier producteur et exportateur (50 % des exportations de blé, 60 % de maïs, 80 % de soja), un très réel « pouvoir vert ».

Les avantages sont similaires à ceux de l'énergie : prix alimentaires inférieurs à tous les concurrents (et répercussions positives sur les coûts de production, dont salaires) avec de surcroît la sécurité des approvisionnements ; énormes profits pour les exploitants agricoles et pour toute la filière agro-alimentaire (*agro-business*) des machines agricoles, semences, engrais aux produits finis et chaînes de supermarchés... qui est le premier secteur de l'économie américaine, représentant 30 % de la population active, 25 % du PNB et vingt milliards d'excédents à l'exportation. On assiste à nouveau à des effets directs et de diffusion dans toute l'économie.

Ces deux décennies sont donc caractérisées par une érosion de la formidable avance et emprise qu'exerçait l'entreprise dans l'après-guerre. Mais celle-ci peut tirer parti des atouts dont disposent les États-Unis, première puissance continentale et économie-centre de l'Occident : d'énormes ressources, l'afflux de capitaux, le pouvoir issu de son rôle monétaire et militaire permettant la manipulation du taux de change, contraignant les partenaires à négocier, garantissant la sécurité des investissements… une force qui dépasse de beaucoup la puissance intrinsèque de l'entreprise.

2. L'État

La présidence de John F. Kennedy ne crée pas à proprement parler une rupture par rapport aux deux Administrations Eisenhower. Il s'agit plutôt d'une évolution dont l'orientation va se confirmer, s'accentuer, que ce soit sous des Administrations démocrates ou républicaines. La présidence de Jimmy Carter (1977-1981) constitue une période de transition entre un progressisme et un néo-keynésianisme qui rencontrent des difficultés croissantes et un conservatisme-néo-libéralisme montant.

L'homogénéité de ces deux décennies tient à la réaction aux principes d'intervention limitée de l'État dans les sphères économique et sociale qui inspiraient le Congrès et la présidence de Truman à Eisenhower. Un consensus s'établit sur la nécessité d'une action étatique pour assurer un réglage de la conjoncture économique qui garantisse le plein emploi — la croissance étant considérée comme la solution optimale aux problèmes sociaux. Un choix qui est ratifié par l'entreprise comme par la société dans sa majorité.

Il apparaît cependant que la maîtrise des phénomènes qui accompagnent la recherche de la croissance maximale et la capacité à contrôler des revendications sociales nées de la lutte contre la pauvreté et l'exclusion sont loin d'être absolues. À cette ouverture plus large de l'État sur l'économie et la société succèdent les crises d'une gestion confrontée à une inflation irréductible et celles d'une démocratie devenue « ingouvernable »[1].

---

1. *The Governability of Democracies,* Report of the Trilateral Commission, May 1975.

2.1 Interventionnisme ou activisme ?

La campagne présidentielle de 1960 qui oppose Kennedy à Nixon, vice-président d'Eisenhower, est le procès d'un certain immobilisme. Le sénateur démocrate reproche à l'Administration républicaine d'avoir refusé de s'engager pour la croissance, pour l'emploi, en faveur des minorités, des dépenses de défense pour préserver la suprématie militaire américaine, et d'avoir par la même entamé le « *leadership* » américain.

L'avance militaire soviétique (Spoutnik, missiles balistiques intercontinentaux), l'intensification de la lutte pour l'égalité raciale, une croissance ralentie (le taux moyen pour les années cinquante s'établit à 2,9 % soit deux à trois fois moins que les taux des pays occidentaux industrialisés où même que l'Union soviétique), un chômage qui avoisine 8 % en 1958 sont autant de maux qui doivent être imputés à une carence gouvernementale et auxquels Kennedy propose de porter remède. Faut-il y voir électoralisme et activisme imprudent comme le propose Herbert Stein[1] ou considérer que l'époque des gouvernements s'abstenant de toute intervention dans les domaines jugés relever de l'initiative privée est désormais révolue ?

La panacée kennedienne est la **croissance**. Comme aime à le répéter le jeune président : « La marée montante soulève tous les bateaux ». Le bateau de l'entreprise qui voyant ses profits grossir pourra consacrer davantage à l'investissement productif et à la recherche, source d'innovation. Le bateau de la société qui recevra sa part de ces profits supplémentaires et verra ses membres les moins favorisés trouver plus aisément un emploi. Celui enfin de l'État qui recevra des deux premiers les moyens accrus de son action : stimulation de l'économie en phase « creuse » du cycle, subventions à l'éducation, à la recherche, assistance aux plus démunis, activité réglementaire pour pallier les déficiences du marché en sus du renforcement des capacités de défense, gage de la sécurité occidentale et de la paix mondiale…

La croissance en économie capitaliste résulte normalement d'une série de décisions privées : celle de l'entrepreneur qui accroît ses investisse-

1. Herbert Stein est l'ancien président du Comité des conseillers économiques (CEA) du président Nixon, *Presidential Economics,* Washington D.C., American Entreprise Institute, 1988.

ments, anticipant une augmentation de la demande, ou introduit une innovation améliorant la productivité, ou offrant de nouveaux biens… celle du consommateur, qui lui aussi anticipe une progression de son revenu… et seulement accessoirement celle de l'État pour remplir ses missions traditionnelles de défense et d'ordre public.

L'État dispose néanmoins de deux instruments pour agir sur les décisions privées : l'instrument fiscal et celui du crédit. Il peut réduire l'imposition sur les revenus des ménages et des sociétés, ces disponibilités supplémentaires (moins l'épargne) étant consacrées à l'investissement ou à la consommation. Il peut également, par l'intermédiaire de la Réserve fédérale (banque centrale), abaisser les taux du crédit pour développer là encore l'investissement ou la consommation. Enfin, plutôt que mener une politique budgétaire neutre (équilibre dépenses-rentrées fiscales), il peut pratiquer une politique active, relançant l'économie par le biais d'un déficit budgétaire qui injecte des fonds supplémentaires dans l'économie.

Ces différentes voies sont empruntées par l'Administration Kennedy ; graduellement, car le Congrès (et le président, lui-même, initialement) est réticent lorsqu'il est question d'un déficit budgétaire devant être maintenu aussi longtemps que le produit national brut n'aura pas atteint son niveau « virtuel » — celui qui est obtenu en utilisant au maximum les facteurs de production disponibles (l'écart entre PNB réel ou existant et PNB virtuel est calculé selon une formule mise au point par le CEA). La législation sur les réductions d'impôts n'est votée qu'en 1964, après l'assassinat de J.F. Kennedy.

Le rôle d'accélérateur de la croissance ainsi joué par l'État doit néanmoins aller de pair avec celui de régulateur : régulation de la demande afin d'éviter les tensions inflationnistes en modifiant la pression fiscale (par un relèvement de l'imposition des ménages) ou les taux d'intérêt (pour décourager l'emprunt) ; régulation des prix, soit par contrôle direct ou blocage comme décide de le faire Richard Nixon en 1971, soit par engagements des acteurs économiques à limiter les hausses pour l'entreprise et les revendications salariales pour les syndicats ; c'est ce que décide de faire Kennedy — d'où la célèbre remarque[1] à l'endroit de U.S. Steel en 1962 — et avec beau-

1. « Mon père m'avait toujours dit que tous les hommes d'affaires étaient des fils de p…, mais je ne l'avais pas cru jusqu'à maintenant ».

coup moins de succès Gerald Ford en 1974. Préservation enfin des grands équilibres extérieurs, balance des paiements et taux de change.

Produit national brut, réel et virtuel

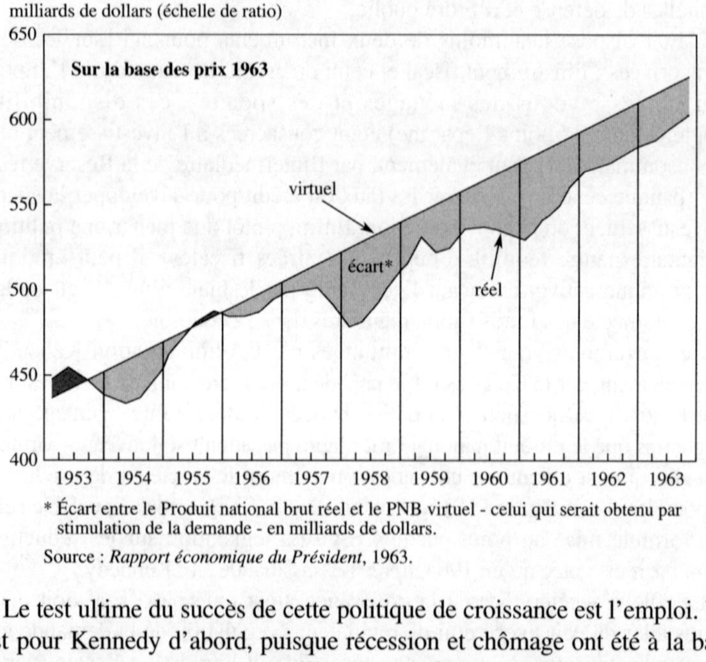

* Écart entre le Produit national brut réel et le PNB virtuel - celui qui serait obtenu par stimulation de la demande - en milliards de dollars.

Source : *Rapport économique du Président*, 1963.

Le test ultime du succès de cette politique de croissance est l'emploi. Un test pour Kennedy d'abord, puisque récession et chômage ont été à la base de sa campagne et que ses conseillers économiques ont déterminé le taux de 4 % de chômage comme équivalent au plein emploi. Ce taux devient après lui une norme, un impératif catégorique. Nixon, qui attribue son échec de 1960 à un taux de chômage trop élevé et son revers cuisant aux élections parlementaires de mi-mandat à une remontée du chômage, relance l'économie en 1972 pour s'assurer de sa réélection. Gerald Ford, qui succède à Richard Nixon contraint à la démission, perd l'élection de 1976 à cause d'un taux de 8,5 % en 1975. Pour les démocrates Johnson et Carter, l'impératif est autant social que politique.

Le **second domaine d'intervention** des Administrations Kennedy et Johnson est **social**. Il n'est pas sans lien avec l'économie puisque, comme nous l'avons souligné en introduction, la croissance a besoin de paix sociale et que cette paix, Kennedy comme Johnson pensent la gagner par la croissance. Cette dernière doit à la fois favoriser l'intégration des minorités par le travail et fournir à l'État les moyens d'une action sur le long terme : aide aux familles, à la formation, etc.

Cette intervention n'est pas sans antécédent : le *New deal* avait introduit ou établi la prise en charge par l'État fédéral d'une série de programmes parfois gérés par les États fédérés et les collectivités locales selon deux axes principaux : l'assurance (Sécurité sociale) et l'assistance (aide aux handicapés, aveugles, nécessiteux, aux familles monoparentales). Mais elle s'était trouvée justifiée par des circonstances exceptionnelles : une misère extrême et prolongée que ne pouvait soulager la charité privée et dont la responsabilité ne pouvait être attribuée à une imprévoyance individuelle.

Rien de semblable n'existe au début des années soixante, même si l'ouvrage de Michael Harrington fait découvrir aux classes moyennes et aux gouvernants la réalité d'une Amérique marginalisée. Néanmoins, la prospérité généralisée induit un sentiment de solidarité nationale qui s'était manifesté lors de la grande crise et surtout a fait naître des attentes chez ces « exclus » de la croissance. La pauvreté est moins aisément tolérable au milieu de l'abondance et la recherche d'une meilleure égalité des chances admise comme plus naturelle.

Ici encore, la décision d'une intervention sociale plus poussée n'est pas immédiate. Le projet de Kennedy s'inscrit au départ dans le sillage du *New Deal* et du *Fair Deal*, plus ranimés que renouvelés : augmentation des allocations de chômage et du salaire minimum, aide au logement social, à l'enseignement et aux régions en difficulté, relance de l'idée d'une assurance maladie. Ce n'est qu'à l'été 1963 qu'une lutte contre la pauvreté est envisagée, concept repris par L.B. Johnson sous l'appellation de « **guerre contre la pauvreté** ».

L'attaque est cette fois frontale et de grande envergure. L'*Economic Opportunity Act*, voté en août 1964, crée une agence chargée de gérer un ensemble de programmes, destinés à promouvoir une réelle égalité des chances : un *Job Corps* pour former les jeunes non diplômés, un *Neighborhood Youth Corps* pour les jeunes chômeurs, un *Headstart Program* pour faciliter l'apprentissage des jeunes enfants défavorisés, un *Community Action Program* pour enrôler les pauvres eux-mêmes dans cette croisade contre la pauvreté, VISTA (*Volunteers in Service to America*) composé de travailleurs sociaux — tous ces programmes insistant comme on le voit sur l'action de proximité et la participation des bénéficiaires.

L'élection de Lyndon Johnson et d'une majorité progressiste au Congrès amplifie l'étendue de ces réformes : une assurance maladie est instituée pour les personnes âgées (65 ans et au delà) sous le nom de *Medicare* ainsi que pour les nécessiteux de moins de 65 ans (*medicaid*), ce second programme consistant en l'octroi d'une aide aux États fédérés chargés de sa gestion. L'aide financière à l'enseignement public et confessionnel est accrue et un nouveau département ministériel (HUD) au logement et à la ville est créé.

Cette intervention gouvernementale dans la sphère sociale rencontre un large soutien au sein de la communauté noire mais aussi auprès des classes moyennes. Elle met en place une bureaucratie qui reçoit la responsabilité de tous ces programmes et partage avec les élus du Congrès un intérêt très fort à leur maintien.

2.2 Débordements et perte de contrôle ?

Il se produit, du fait de l'ampleur de toutes ces missions économiques et sociales, une concentration accrue du pouvoir au profit de l'Exécutif. L'historien Arthur Schlesinger, conseiller spécial de J.F. Kennedy, parle d'une « présidence impériale ».

Impériale par les responsabilités qu'elle assume *de facto* dans la préservation de l'intégrité de cette économie-monde qui confère à l'empire une responsabilité qui s'étend de la sécurité des investissements américains dans le « monde libre » aux approvisionnements énergétiques (et minéraux) de l'Occident. Elle entraîne les présidents Kennedy et Johnson, soucieux de la *Pax Americana*, à s'engager sans l'autorité expressément déléguée du Congrès dans le « bourbier » du Vietnam.

Impériale aussi par une centralisation de l'initiative, des moyens humains, financiers et d'intervention au delà des missions d'exécution et de gestion qui reviennent constitutionnellement à l'Administration présidentielle. En dépit de la force du contrepoids qu'apporte le Congrès, la Présidence devient le centre hypertrophié d'un pouvoir qui perd peu à peu la notion de ses limites — ce qui aux mains d'un Richard Nixon aboutit à la dérive du *Watergate*.

Une délégation peut-être excessive des prérogatives parlementaires en matière de diplomatie commerciale, de gestion économique, l'attrait qu'offre le vote de mesures populaires telles les réductions d'impôts ou l'adoption de programmes sociaux font disparaître les freins indispensables à une action gouvernementale qui dispose de moyens aussi étendus. Or l'écueil qui guette ces politiques qui impriment des coups d'accélérateur à des processus de croissance ou sociaux (lents par nature lorsqu'il s'agit d'intégration par exemple) est le risque de « dérapage » ou de perte de contrôle. Un exécutif qui se prive du moyen de contrôle — lourd mais rééquilibrant — qu'exerce le législateur, s'expose plus sûrement à ce risque.

Le « cercle vertueux » sur lesquels reposent la Nouvelle Frontière puis la Grande Société de Johnson (croissance – compétitivité accrue – résorption des tensions sociales – réaffirmation du *leardship*) n'est pas exempt de risques de dérapage. Le réglage fin de la conjoncture (*fine-tuning*) suppose une maîtrise budgétaire, fiscale et monétaire loin d'être acquise tant au niveau des procédures (parlementaires pour la fiscalité et le budget) que de la simple connaissance économique. La croissance doit amener le plein emploi et procurer les fonds nécessaires aux missions économiques, militaires et sociales de l'État sans être inflationniste. Les programmes sociaux doivent résoudre les problèmes de pauvreté et de discrimination qui portent atteinte à la paix intérieure sans entraîner de revendications « déraisonnables ». Un pari d'équilibre qui tient de la gageure à terme.

Le triangle magique croissance forte – prix stables – taux de chômage faible, qui s'établit sous l'effet de la politique de relance kennedienne, ne dure pas. Lyndon Johnson n'a pas la fermeté de son prédécesseur vis-à-vis des grandes sociétés, les hausses d'impôts, qu'il aurait fallu voter dès que commençaient à se manifester des tensions inflationnistes arrivées par l'accroissement de l'engagement militaire au Vietnam, ne sont guère populaires et le Congrès renâcle. Comme le montrent les monétaristes, les anticipations des agents économiques se modifient : ils en viennent à intégrer dans les hausses des prix et les revendications salariales un taux d'inflation dont le rythme s'accélère ; ce phénomène est décrit dans les années soixante-dix sous l'expression de « spirale inflationniste ».

Croissance, inflation, chômage

Année	PNB en dollars de 1972 taux de croissance	Inflation	Chômage en pourcentage de la population active civile
1960	2,2	1,6	5,5
1961	2,6	1	6,7
1962	5,8	1,1	5,5
1963	4	1,2	5,7
1964	5,3	1,3	5,2
1965	6	1,7	4,5
1966	6	2,9	3,8
1967	2,7	2,9	3,8
1968	4,6	4,2	3,6
1969	2,8	5,4	3,5
1970	– 0,2	5,9	4,9
1971	3,4	4,3	5,9
1972	5,7	3,3	5,6
1973	5,8	6,2	4,9
1974	– 0,6	11	5,6
1975	– 1,1	9,1	8,5
1976	5,4	5,8	7,7
1977	5,5	6,5	7
1978	4,8	7,7	6
1979	3,2	11,3	5,8
1980	– 0,2	12,6	7,1

ERP 1981, cité par David CALLEO, *The Imperious Economy*, Harvard University Press, 1982.

La priorité surtout va clairement à l'emploi : dès qu'une baisse de l'activité économique s'amorce, comme en 1967, 1970 et 1974-1975, le choix de la relance par une politique du crédit qui favorise l'expansion de la masse monétaire par une augmentation des dépenses publiques et/ou une baisse des impôts est rapidement fait. Le républicain Nixon déclare sans ambages : « Je suis un keynésien, désormais » et James E. Carter se fait élire sur la promesse kennedienne de croissance, d'emploi et de programmes sociaux. La préoccupation des prix est délibérément seconde et c'est plus le poids de la contrainte monétaire extérieure que la pression de ses concitoyens qui conduit Richard Nixon à décider un blocage des prix et des salaires pour quatre-vingt-dix jours le 15 août 1971 en même temps qu'il décrète l'inconvertibilité du dollar.

La NEP* (15 août 1971)
- Inconvertibilité du dollar en or
- Surtaxe de 10 % sur les importations
- Blocage des prix et des salaires
- Réductions d'impôts + réduction des dépenses publiques.

* Nouvelle politique économique

Les Administrations successives — la brève Administration Ford excepté — hésitent d'autant moins devant ce **dilemme inflation/chômage** que des travaux statistiques matérialisés sous la forme de la célèbre courbe de Phillips montrent qu'il existe une relation inverse entre ces deux maux : la stabilité des prix se paie par un chômage élevé tandis que le plein emploi s'achève par l'inflation. Aussi longtemps que la préférence pour l'emploi demeure majoritaire et que l'intolérance vis-à-vis de l'inflation ne l'emporte pas, la lutte contre cette dernière est irrésolue. Il faut la témérité de Gerald Ford, président non élu, pour tenter de s'y attaquer au prix d'une récession (1974-1975) et peut-être une certaine constance lorsque sa campagne WIN (*Whip Inflation Now*) est tournée en dérision.

Il faudrait d'autant plus de courage pour s'y attaquer que l'inflation est dans les années soixante-dix un phénomène complexe. Elle s'est enracinée

La première courbe de Phillips

variations du chômage et des salaires au Royaume-Uni, 1861 - 1913

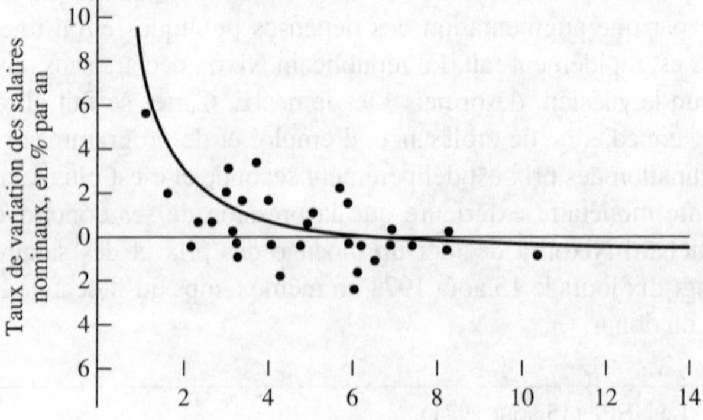

Pourcentage de chômage.
Chaque point indique la variation des taux des salaires et le pourcentage moyen de chômage pour une année donnée.

Les courbes des salaires et des prix : version Phillips

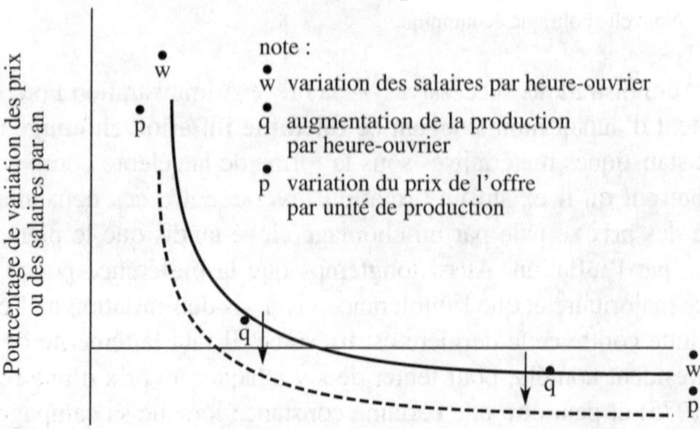

pourcentage de chômage

Sources : Cahiers français - documentation française, n° 175 « Emploi et chômage », p. 58.

« au cœur »[1] de la société américaine, résultat de facteurs divers et nombreux : des causes externes (chocs pétroliers, hausse des produits agricoles, guerre du Vietnam), des causes internes (tensions sur le marché de l'emploi consécutives à la chute du chômage, baisse de la productivité, hausse des coûts de santé, augmentation des prix des produits importés due à la dépréciation du dollar...), croissance monétaire excessive. Cette dernière est due aux besoins de création de moyens de paiement internationaux dérivés du rôle du dollar depuis Bretton Woods, comme aux besoins de financement du déficit budgétaire de l'État. Celui-ci, pour alléger la charge de sa dette, opte tout naturellement pour l'expansion monétaire qui maintient les taux d'intérêt à des niveaux plus bas.

L'impatience face à des taux d'inflation élevés et durables grandit tardivement, si l'on peut dire. Elle résulte en premier lieu d'un constat : ces taux élevés coexistent avec un chômage également élevé, réfutant ainsi la validité absolue de la corrélation statistique observée par Phillips. Le choix entre inflation et chômage n'est plus disponible. Si les salariés sont parvenus à une indexation de leurs revenus, les barèmes fiscaux ne tiennent pas compte de l'inflation : l'augmentation nominale (et non réelle) des salaires aboutit donc à un passage dans les tranches d'imposition supérieures et à un alourdissement substantiel de la pression fiscale pour les classes moyennes (moins à même de tirer parti des possibilités de déduction ou d'« évasion »). Enfin, l'entreprise, confrontée à la concurrence internationale, voit ses marges se réduire en même temps que sa compétitivité.

Le dilemme devenu « cruel »[2] entre inflation et chômage donne lieu à un ballet étourdissant sous la présidence Carter. Pris en tenaille entre ses promesses électorales et ses convictions démocrates (en faveur des couches sociales les moins favorisées), il passe l'essentiel des quatre années de son mandat à osciller entre une politique de relance et de lutte contre l'inflation (politique de *stop and go*), n'obtenant de résultat tangible ni pour l'emploi, ni pour les prix.

---

1. Voir Michel Rocard et Jacques Gallus, *L'Inflation au cœur*, Paris, Gallimard, 1975.
2. L'expression est de Paul Samuelson, prix Nobel d'économie.

Le **dérapage** dans le domaine de la régulation de la croissance trouve un parallèle **dans le secteur social**. Les programmes de la Grande Société connaissent un développement imprévu. D'abord par le nombre de bénéficiaires : la croissance ne résout pas tout et le sort des minorités ne s'améliore que lentement ; le « système » engendre aussi des « professionnels » de l'assistance (*Welfare Queens*) et la demande de soins de santé gratuits ou largement subventionnés (pour *Medicare*) explose. Chaque groupe s'organise et revendique un traitement spécial.

De surcroît, le principe d'indexation des prestations est adopté sous l'Administration Nixon. Quoique conséquence de l'inflation, il va à l'encontre de la tradition américaine qui, pour l'aide sociale, était depuis Franklin Roosevelt la garantie d'un revenu décent. Il est également décidé, en dépit des difficultés budgétaires occasionnées par le conflit du Vietnam, de ne pas réduire le budget social de la nation, considérant que les couches de population qui en sont les principales bénéficiaires sont précisément celles qui sont le plus affectées par la guerre. Il se produit enfin, parmi les « progressistes » une surenchère électoraliste visant à engager l'État toujours plus avant dans la lutte contre les inégalités, ce qui se traduit par la proposition de nouveaux programmes sociaux.

La conséquence financière est claire : les dépenses sociales de la collectivité nationale (gouvernement fédéral, instances étatiques et locales) connaissent une progression très rapide alors que les dépenses de défense ne cessent de décroître ; ce phénomène est décrit sous l'appellation de *Welfare shift*[1]. Sous la rubrique « dépenses sociales » sont comprises les dépenses d'assistance, de santé, de sécurité sociale, d'enseignement à charge des différentes collectivités.

On assiste parallèlement à la montée d'une bureaucratie qui assure la gestion de ces nombreux programmes. Son pouvoir paraît grandir au moment où les élites gouvernementales sont plus contestées (et pas uniquement du fait du *Watergate* — voir rapport de la Commission trilatérale sus-

1. *Welfare* correspond à notre notion d'État-providence, bien que la couverture sociale soit moins extensive.

mentionné). Sa source se situe dans l'administration des programmes qui implique une dose de pouvoir réglementaire mais aussi dans la tendance inhérente à toute force qui se constitue de s'organiser en *lobby* (groupe de pression) qui au nom de l'intérêt général sert des intérêts particuliers — dont celui de sa propre survie et son renforcement.

Dépenses gouvernementales en pourcentage du PNB

Années	Toutes dépenses gouvernementales	Dépenses de Défense	Dépenses non liées à la Défense	Achats de biens
1948	20	4	16	12
1953	28	13	15	22
1960	27	9	18	20
1965	27	7	20	20
1971	32	7	25	22
1973	32	6	26	21
1974 provisoire	33	6	27	22

Source : ERP, 1975.

Les tentatives de réforme visant à rationaliser les différentes interventions gouvernementales et d'en limiter le coût échouent au cours des années soixante-dix. Quoique Carter s'en préoccupe, c'est sous Nixon qu'un plan d'ensemble est proposé au Congrès (*Family Assistance Plan*). L'idée est de regrouper tous les programmes destinés aux familles en difficulté et de calculer le montant de l'aide sur la base des renseignements fiscaux : en cas de revenu inférieur à un seuil jugé garantir un niveau de vie décent, une allocation globale serait attribuée (d'où le nom « d'impôt négatif »). Afin d'inciter les bénéficiaires à trouver un emploi, cette allocation ne serait pas diminuée de la totalité du revenu obtenu par l'exercice d'une activité rémunérée (concept de *Workfare*).

L'échec des réformes par suite de la coalition des élus progressistes et conservateurs (hostiles au principe même d'assistance gouvernementale) comme de l'opposition résolue de la bureaucratie alimente une **réaction**

croissante à l'« étatisme ». Sont condamnées en bloc les interventions économiques et sociales de l'État, non seulement pour leur coût incontrôlé, mais également pour leurs effets néfastes : l'excès de règlement (inhérent à une bureaucratie pléthorique) nuit à la compétitivité des entreprises et crée un état de dépendance parmi les « assistés ». Comme l'écrit Milton Friedman[1] dans une formule que Ronald Reagan rendra célèbre : « Le gouvernement n'est pas la solution à nos problèmes, le gouvernement est le problème ».

Ce réquisitoire est dressé par un groupe composite, la « Nouvelle Droite » américaine. Elle va des Républicains progressistes, favorables à plus de décentralisation et hostiles à certains excès de l'intégration raciale, aux ultra-libéraux qui recommandent sans retenue un État minimum réduit à ses fonctions de défense et d'ordre public. Elle comprend les monétaristes qui critiquent les politiques budgétaires volontaristes et préconisent une progression stable de la masse monétaire pour accompagner la croissance sans être facteur d'inflation, ainsi que les libéraux ; ces derniers, à la suite de Friedrich von Hayek, craignent que la recherche de la sécurité économique et sociale ne conduise les citoyens à accepter un régime dictatorial. Tous font l'apologie de la libre entreprise, de la prise de risque et de l'individualisme qui définissent un capitalisme incapable de coexister avec une bureaucratie envahissante et paralysante.

Les attaques de la « Nouvelle Droite » se concentrent dans trois directions : la réglementation, la fiscalité, l'assistance. À part la fin du XIXe siècle et la période du *New Deal*, une troisième vague de réglementation a débuté avec Lyndon B. Johnson pour se poursuivre sous Richard Nixon. En dehors de la création de l'OSHA[2] proche de notre inspection et médecine du travail, les nouveaux règlements concernent principalement l'environnement. Leur multiplication implique des coûts de mise en conformité avec les normes ainsi édictées et un suivi administratif très lourd : Milton Fried-

1. *La Liberté du Choix,* Paris, Pierre Belfond, 1980. Milton Friedman, « monétariste » et principal représentant de l'École de Chicago est prix Nobel d'économie.
2. *Occupational Safety and Health Administration*, créée en 1970.

man rapporte que le *Federal Register*[1], qui comportait 2 599 pages à sa création en 1936, occupe 36 487 pages en 1978.

La pression fiscale s'est accrue sous l'effet de l'inflation « le plus cruel de tous les impôts » (George Gilder). La non révision des barèmes fiscaux permet de financer des dépenses gouvernementales croissantes mais pèse sur l'activité économique et, parmi les ménages, principalement sur les classes moyennes. Elle a pour la « Nouvelle Droite » un effet véritablement confiscatoire ; son impact est en quelque sorte théorisé par Arthur Laffer sous la forme d'une courbe qui indique qu'au-delà d'un point d'équilibre E (variable selon les pays), une pression fiscale plus élevée aboutit à des rentrées fiscales moindres.

Courbe de Laffer

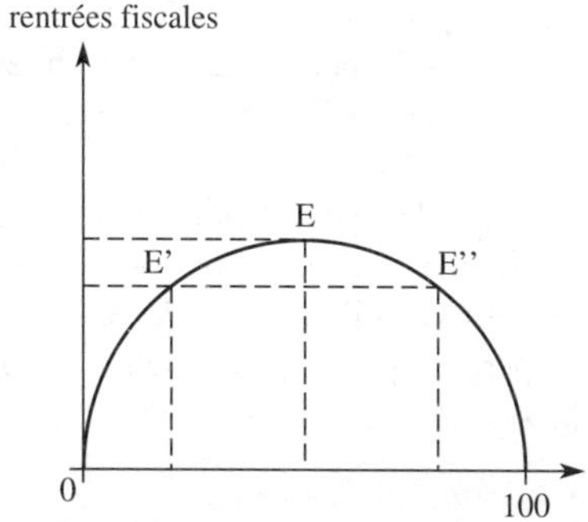

Elle exerce un effet dissuasif sur les acteurs économiques. Il faut donc préférer, à rendement fiscal équivalent, le point E' au point E'' car il existe dans ce premier cas, une incitation bien supérieure à travailler et produire dont tous doivent tirer profit. Ce qui est perçu comme une pression excessive provoque d'ailleurs une « **révolte fiscale** » à la fin des années soixante-dix : elle se manifeste avec éclat en Californie qui adopte par référendum la

1. Équivalent de notre *Journal officiel*.

fameuse « proposition 13 » consistant à réduire les impôts fonciers de 30 % sur deux ans ; est aussi introduite une proposition de loi (Kemp-Roth) visant à abaisser l'imposition fédérale de 10 % sur trois années consécutives.

La dernière attaque porte sur l'« État-nounou » (*Nanny State*). La charge la plus incisive est menée par George Gilder qui, dans *Richesse et Pauvreté*[1], prend le contre-pied de l'*Autre Amérique* de Michael Harrington. L'auteur argumente que le relation « socialiste » établie entre richesse et pauvreté — la première étant responsable de la seconde — est totalement erronée. La pauvreté a été assimilée à tort au racisme, à l'exclusion, aux inégalités auxquels des politiques redistributives pouvaient porter remède. Mais l'impôt (qui les rendait possibles) a détruit la richesse tandis que l'assistance bouleversait l'existence des prétendus bénéficiaires : elle les rendait dépendants et dépouillait le père de son rôle de soutien de famille : « l'État-Providence l'a cocufié ». Il est impératif de mettre un terme à ces politiques redistributives et de restaurer un État où coexistent richesse et goût du travail.

On est loin donc, à la fin des années soixante-dix, de la foi dans l'intervention étatique qui animait les contemporains de John F. Kennedy. Son coût comme ses effets paraissent l'emporter de beaucoup sur les avantages, moins immédiatement perçus, qu'elle promettait d'apporter. Le balancier a, semble-t-il, couvert la totalité de sa course.

3. La Société

L'Amérique de l'après-guerre avait opté pour le repli, excluant des bénéfices d'une croissance retrouvée et mieux partagée toute une frange de sa population, ainsi que la plupart des candidats à l'immigration. L'élection de Kennedy signale l'esquisse d'une ouverture, née à la fois d'une confiance accrue dans les capacités d'un pays quasi omnipotent et de pressions intérieures plus insistantes.

1. *Wealth and Poverty*, New York, Basic Books, 1981.

L'unité de ces deux décennies réside dans l'élaboration progressive, sous des Administrations démocrates et républicaines, d'un consensus sur la nécessité d'une action sociale, et sa désagrégation qui est presque concomitante. Le rêve ne devient pas plutôt possible pour ceux à qui il était interdit qu'il suscite un malaise grandissant parmi ces classes moyennes qui en constituent le véritable support.

3.1 Le rêve rendu accessible

L'« homme oublié » au bas de l'échelle sociale, cher à Franklin Roosevelt, revient au centre des préoccupations du responsable politique au début des années soixante. Il est délicat de décider de ce qui l'emporte entre un souci de plus de justice, d'égalité ou de paix sociale face à des revendications montantes, ou de réponse aux critiques provenant tant de l'intérieur que de l'extérieur en ce qui concerne les laissés-pour-compte et les Noirs. Mais cette accessibilité nouvelle du rêve américain pour l'immigré et celui qui appartient à cette « autre Amérique » devient une donnée qui s'impose continuellement et malgré les difficultés jusqu'à James E. Carter. Car pendant ces presque vingt années, il y a reconnaissance d'une véritable responsabilité collective dans ce domaine.

L'ouverture se manifeste de la manière la plus immédiate dans le cas de l'immigration. La loi sur l'immigration et la nationalité de 1965 met en effet un terme à la discrimination anti-asiatique et en faveur des populations blanches, anglo-saxonnes et protestantes (WASPS). Les États-Unis ne redeviennent pas pour autant la « **nation d'immigrants** » chantée par John F. Kennedy. Les entrées demeurent plafonnées avec un seuil de 170 000 personnes par an (dont au maximum 20 000 pour un seul pays) hors continent américain et l'introduction d'une limite de 120 000 personnes pour les immigrants d'origine américaine — le maximum de 20 000 personnes s'appliquant aussi à un quelconque pays de l'« hémisphère ». Peuvent s'ajouter les réfugiés politiques et les travailleurs qualifiés qu'admettaient déjà en priorité la loi Mc Carran.

L'origine ethnique de ces nouveaux arrivants change. L'Europe représente un apport inférieur à 18 % du total au cours des années soixante-dix alors que l'Amérique du Nord (Canada, Mexique, Amérique centrale) et l'Asie représentent plus de 36 % chacune. En dépit du plafond et du développement industriel de la zone frontalière (par délocalisation), c'est l'immigration d'origine mexicaine qui est la plus forte : près d'un million cent mille Mexicains sont légalement admis aux États-Unis entre 1961 et 1980 soit 14 % du total.

Les 7,815 millions d'immigrants, sur une population qui augmente de 47,065 millions entre 1961 et 1980[1], compensent partiellement une baisse sensible de la natalité à partir de 1965. Le taux de natalité chute en effet de 23,8 % en 1960 à 15,9 % en 1980 avec un point bas à 14,6 % en 1975. Le taux de mortalité diminue faiblement dans le même temps (de 9,5 % à 8,7 %). C'est ainsi que l'immigration, qui ne constitue que 11 % de l'accroissement de la population en 1960, en représente 20 % en 1975 et 32 % en 1980, une année-record.

La chute du taux de natalité concerne principalement la population blanche. Pour la minorité noire ou d'origine hispanique, ce taux demeure élevé (il se situe entre 21 et 26 % sur la période 1960-1980). La pyramide des âges de ces communautés diffère donc sensiblement, d'autant que les bénéfices de *Medicare* sont essentiellement ressentis par la classe moyenne blanche ; la composition de la population active se modifie elle aussi progressivement.

La fin du *baby boom* peut être causée par plusieurs facteurs nouveaux : l'apparition de la pilule contraceptive et la légalisation de l'avortement[2] parallèlement à une évolution des mœurs qui laisse de plus en plus à la femme la décision de la grossesse (influence du mouvement de libération de la femme ?) ; les conséquences de l'aisance matérielle des classes moyennes et le refus croissant des contraintes liées à l'enfant (jusqu'à la prise en charge financière de ses études supérieures) ; la volonté d'une véritable carrière professionnelle pour la femme, renforcée par le désir du maintien du niveau de vie face à l'inflation dans les années soixante-dix ; la baisse du taux de nuptialité et la hausse du nombre des divorces, bien que le

1. Soit 226,451 millions à cette date.
2. Par décision de la Cour suprême « Roe *vs* Wade » 1973.

nombre des naissances hors mariage augmente rapidement — il est de plus d'un tiers pour la minorité noire.

La **« guerre » contre la pauvreté et la discrimination raciale** connaît sous la présidence Johnson des succès très spectaculaires. Il y a, à la fois, ouverture matérielle sur les « opportunités » qu'offre l'Amérique pour ces citoyens défavorisés et ouverture mentale de l'Amérique prospère sur ceux qui n'ont pas reçu, dans la tradition puritaine, la consécration de la réussite.

Le succès de la lutte contre la pauvreté est, initialement, rapide et remarquable. Des 22,4 % vivant en deçà du seuil de pauvreté en 1959, il n'en reste que 12,1 % dix ans plus tard, à la fin de la présidence Johnson. Le programme *Medicare*, puis l'indexation des pensions de retraite, améliorent sensiblement le sort des personnes âgées. Les actions en faveur de l'insertion par l'éducation et la formation ainsi que les bons alimentaires (*food stamps*) institués en 1965 aident à la promotion et contribuent au mieux-être de ceux qui souffraient de malnutrition et de marginalisation.

Mais c'est pour la minorité noire que les progrès sont les plus grands. Les programmes d'aide sont particulièrement efficaces, puisque la pauvreté qui frappait plus d'un Noir sur deux (55,1 %) en 1959 n'en atteint plus qu'un tiers (31,3 %) quinze ans plus tard. Leur condition s'améliore à plus long terme sous l'effet de deux séries de décisions. La première concerne l'emploi et est d'origine présidentielle. Johnson demande par décret (*executive order*) aux sociétés ou institutions privées liées par contrat ou recevant des fonds du gouvernement fédéral de réserver un pourcentage des emplois vacants aux membres des minorités ethniques. Cette discrimination positive (*affirmative action*) conduit à l'institution de quotas dans les établissements universitaires. La seconde décision est juridique et s'applique à l'enseignement public. La Cour suprême, à la suite de l'arrêt Brown, ordonne en 1971 le transport (*busing*) d'enfants des quartiers défavorisés vers les quartiers « blancs » (aux écoles mieux équipées et aux enseignants mieux formés) et vice-versa.

Ces actions sont complétées par l'adoption de deux lois fondamentales : le *Civil Rights Act* de 1964 et le *Voting Rights Act* de 1965. La ségrégation devient interdite dans les lieux publics et une Commission à l'égal accès à l'emploi est instituée aux termes de la première, tandis que le gouvernement fédéral se donne le droit d'intervenir pour l'inscription des Noirs sur les listes électorales par la seconde. Ces textes permettent à la plus importante minorité ethnique[1], et traditionnellement la plus défavorisée, d'exercer un contrôle électoral et institutionnel sur ces rouages qui déterminent sa condition. Facilitée par ces transformations impulsées par la « Grande Société », une bourgeoisie noire émerge qui fait entrer à son tour une communauté marginalisée dans la giron d'une société qui lui était essentiellement fermée.

L'insertion des nouveaux arrivants et des minorités est accélérée par un consensus, qui reste entier jusqu'à la fin de la présidence Carter, sur la priorité à donner à l'emploi et à la croissance. Une priorité entretenue par la progression de près de 70 % de la population active en l'espace de ces vingt années (elle passe de 72 millions en 1960 à 105 millions en 1980 en conséquence du *baby boom* puis de l'immigration). La croissance est la réponse avancée par Kennedy, reprise par ses successeurs de Johnson à Carter (on ne saurait oublier Nixon) même si pour ces derniers elle devient plus incertaine et si sa recherche s'accompagne de toujours plus d'inflation.

La croissance est en effet pareille à ce gâteau dont la taille ne cesse d'augmenter, rendant ainsi possible une répartition plus égalitaire, sans que celle-ci n'ait à se faire au détriment de n'importe lequel des convives. Le gouvernement, dont le rôle est reconnu dans la régulation de cette croissance et pour sa contribution à l'apaisement des conflits sociaux, s'accroît, pouvant ainsi offrir aux minorités un accès privilégié à des emplois non précaires. La croissance signifie aussi une tertiarisation plus rapide de l'économie : le secteur tertiaire emploie 67 % de la population active en fin de période. Or les services qui exigent une main-d'œuvre importante et parfois peu qualifiée font essentiellement appel aux minorités : les femmes — qui n'ont pas réussi à obtenir l'égalité des droits dans le monde du travail[2] — occupent (en 1980) 55 % des emplois tertiaires et sont employées à 85 % dans ce secteur. Les membres des minorités ethniques sont employés, eux, à 64 % dans le tertiaire.

1. 10,5 % de la population en 1960, 11,8 % en 1980.
2. Échec de la tentative d'adoption d'un amendement à la Constitution garantissant l'égalité des droits (*Equal Rights Amendment*).

Le consensus porte également, quoique de manière plus inégale, sur l'importance des programmes sociaux. Ces derniers sont bien sûr plus populaires lorsqu'ils ont pour objectif les pensions de retraite ou les dépenses de santé en faveur des personnes âgées, mais continuent à recevoir un soutien majoritaire jusqu'au milieu des années soixante-dix (voir le rapport de la Commission trilatérale) dans le cas des programmes d'aides aux familles économiquement faibles. L'accès au rêve américain n'est plus seulement une affaire individuelle, l'État se contentant de garantir l'égalité formelle des chances en arbitre neutre. La société s'est faite plus solidaire et cette solidarité choisit de s'étendre à tous.

3.2 Rêve et malaise

Le rêve n'échappe pourtant pas au tourbillon des crises. Crises économiques qui traversent l'entreprise et l'État et qui, inéluctablement, le gangrènent. Il est délicat d'établir fermement un lien entre ouverture et crises, sans faire le procès de la première. L'ouverture, qu'elle soit économique ou sociale, était indispensable pour une nation se situant au cœur d'un empire qu'elle ne peut plus dominer sans partage et pour un pays qui se veut pleinement démocratique. Dans quelle mesure cette ouverture a pêché, par excès (dans le domaine des investissements ou des droits ouverts à certaines catégories sociales par exemple) ou par défaut, est plus malaisé à déterminer et, on le conçoit, plus sujet à polémique.

L'ouverture, nous l'avons dit, implique une confiance et un effort financier dont seule la croissance allège le poids. Cette confiance dans la capacité des États-Unis à faire face aux problèmes intérieurs comme extérieurs connaît au fil des crises, une érosion progressive. Le financement s'avère plus difficile à mesure que la rentabilité des entreprises s'amoindrit, que le revenu des ménages régresse, que le déficit de l'État s'accroît tout en devenant plus systématique. À la place du rêve, c'est le malaise qui s'installe.

La société toute entière et particulièrement ses membres les plus fragiles sont affectées par la crise de l'entreprise. Celle-ci, dont les profits avaient été élevés tout au long de la période d'expansion et aussi longtemps qu'elle n'avait rencontré que peu de concurrence extérieure, les voit chuter à mesure que reconstruction et ouverture se conjuguent. Le rendement moyen du capital après impôt passe, grâce à la relance kennedienne, de 8 % en 1963 à près de 10 % en 1965. Il tombe, après une baisse constante enrayée par la relance pré-électorale de Nixon, aux environs de 4,5 % en 1974 ; il bénéficie d'une légère reprise à la « faveur » de la crise et de la nouvelle relance de Carter pour retomber légèrement au dessus de 4 % en 1980.

Les salariés au banc des accusés

L'Entreprise en impute une part de la responsabilité aux salaires et avantages sociaux. Il est incontestable que les tensions causées sur le marché du travail par une politique de plein emploi quasi permanente ajoutées aux avantages consentis dans la période d'euphorie de l'après-guerre contraignent l'Entreprise à des concessions coûteuses. La syndicalisation dans l'industrie manufacturière stabilise ces concessions qui sont étendues à d'autres secteurs dans la recherche d'une main-d'œuvre qualifiée rendue rare par le plein emploi. Il est également incontestable que les salaires ne subissent que très partiellement et avec retard la chute des profits de l'entreprise.

L'échappatoire est souvent trouvée dans la délocalisation. Les États du Sud (*Right to work states*), la zone frontalière du Nord-Mexique, l'Asie ne présentent pas les mêmes contraintes — parfois beaucoup s'en faut — en matière de salaires et d'avantages sociaux. L'industrie automobile, frappée par la concurrence japonaise, ouvre par ailleurs à la fin des années soixante-dix une négociation avec les syndicats pour revenir sur les concessions salariales et annexes.

Le secteur tertiaire reproduit pour partie ce schéma : il n'y a pas ici de syndicalisation par absence de tradition industrielle, d'où des salaires et avantages sociaux généralement bien inférieurs. La précarité de l'emploi y est plus grande et les chances de promotion dans les services de main-d'œuvre où sont créés la plupart des emplois (services de restauration ou aux entreprises, secteur de santé) sont pratiquement nulles. Ceci n'empêche pas un début de délocalisation pour le traitement de certaines données qui peut s'effectuer à distance, pesant ainsi sur les salaires. La fin des années soixante-dix se caractérise donc par une amorce de polarisation des salaires qui s'accentue brutalement au cours de la décennie suivante avec la baisse des revenus des personnels les moins qualifiés (et l'automatisation croissante est facteur de déqualification) ainsi que la précarisation de l'emploi.

La baisse des revenus de l'entreprise et des ménages retentit nécessairement sur la situation financière de l'État fédéral et des différentes collectivités territoriales. Les entrées fiscales du gouvernement fédéral proviennent : 1) de l'impôt sur le revenu des personnes physiques, 2) de l'impôt sur les sociétés, 3) des prélèvements obligatoires pour le financement de la Sécurité sociale (retraites, chômage), 4) des taxes sur le tabac, alcool, essence. On comprend qu'en dépit de la ponction supplémentaire occasionnée par l'inflation, l'État ne puisse que subir le contre coup de la baisse combinée des bénéfices de l'entreprise et des revenus des ménages (il n'existe pas d'impôt à grand rendement comme la TVA aux États-Unis). Le budget, pris en tenaille entre des rentrées en baisse et la charge de missions plus nombreuses et plus lourdes, est en déficit constant (sauf en 1969, à la suite d'un relèvement temporaire de l'impôt pour lutter contre l'inflation), de 1961 (3,4 milliards) à 1980 (73,8 milliards).

Cette situation se répète au niveau des États fédérés — bien que leur constitution leur interdise quelquefois un déficit budgétaire — et à l'échelon local. Les dépenses d'éducation, d'infrastructures, de santé, d'assistance (et de police au niveau local) qui sont principalement de leur ressort flambent, alors que les taxes locales et les transferts en provenance de l'État fédéral restent très insuffisants. Il en résulte des crises financières graves dont les plus fameuses sont celles, répétées, de la ville de New York.

Parallèlement à cette dégradation de la position financière du gouvernement, on assiste à une montée des revendications de groupes de pression qui s'organisent pour défendre les acquis et réclamer davantage. Ce sont non seulement les minorités ethniques qui se mobilisent à l'instar des Noirs, ce sont aussi des groupes qui se constituent pour faire reconnaître leurs droits ou obtenir quelqu'avantage tels les homosexuels ou les personnes âgées. De même que se produit une atomisation de la société, il se produit une multiplication à l'infini des revendications. Les « Panthères grises » (comprenez : de plus de soixante-cinq ans…) demandent et obtiennent des taux d'imposition préférentiels, des logements sociaux et des services de taxi de groupe, des tarifs d'électricité inférieurs, des repas chauds etc. Les demandes de pension d'invalidité sont de plus en plus fréquentes et la fraude à l'assistance plus répandue...

Toutes ces revendications sont loin d'être sans fondement. La « guerre contre la pauvreté », si elle a rencontré des succès immédiats, s'est heurtée à la réalité de ce qui paraît être un noyau irréductible. Près d'un tiers des Noirs et un quart des « Hispaniques » (la montée de l'immigration illégale ne fait qu'aggraver ce phénomène) demeurent en-deçà du seuil de pauvreté ; le revenu moyen de ces familles se situe autour de la moitié de celui d'une famille blanche : il passe de 54,3 % en 1950 à 61,5 % en 1975 pour revenir à 56,4 % en 1981. Il naît un sentiment de frustration qui s'exacerbe : des émeutes éclatent dans les ghettos noirs entre 1965 et 1969, faisant près de deux cents morts, et le mouvement des droits civiques se radicalise (avec les Panthères noires...) surtout après l'assassinat de Martin Luther King en 1968. La criminalité au sein des ghettos et plus largement en zone urbaine atteint des taux alarmants.

L'irréductibilité de la pauvreté, des revendications incontrôlées, une violence endémique accroissent le malaise de classes moyennes confrontées à une dégradation de leur situation économique. Principaux soutiens financiers des programmes sociaux, elles sont progressivement plus tentées d'écouter les sirènes de la « Nouvelle Droite » qui redisent avec insistance que tous les maux ne sauraient être attribués à « Rousseau ou à Voltaire » et que pauvres ou membres des minorités devraient d'abord compter sur leur travail avant de faire systématiquement appel à la générosité publique.

Discours d'autant plus entendu que l'amélioration de la condition de cette ancienne population marginale semble trop souvent se faire à leurs dépens. Au delà du fardeau fiscal, c'est en effet l'emploi des membres des classes moyennes qui est menacé. L'emploi dans l'entreprise ou au service du gouvernement par suite de la priorité donnée aux membres des minorités. Une priorité qui, combinée à la déqualification, conduit les « cols bleus » à travailler de plus en plus aux côtés de Noirs ou Hispaniques plus prêts à accepter des salaires et conditions de travail inférieurs — ce qui précipite la baisse des salaires et garanties sociales...

La déségrégation au niveau du logement signifie une cohabitation parfois difficile pour l'habitat social — car tout financement public interdit la discrimination raciale. Mais l'interdiction vaut aussi pour la résidence privée — puisque toute convention visant à prévenir la vente à une personne de couleur devient légalement caduque. cette disposition aboutit à une dépréciation de la maison, le plus souvent le principal élément du patrimoine des classes moyennes.

Le système de *busing* et les quotas réservés aux « non-blancs » à l'entrée des universités sont jugés enfin compromettre le moyen le plus assuré de promotion sociale : une solide formation secondaire et un diplôme universitaire. L'application quelque fois très rigoureuse de ces règles conduit à des manifestations d'hostilité brutales qui peuvent s'éterniser comme dans le cas de Boston à partir du milieu des années soixante-dix. La profondeur du ressentiment des classes moyennes qui ne disposent pas de revenus leur permettant d'opter pour un enseignement privé et les inégalités quant aux exigences à l'entrée dans les universités selon l'origine ethnique amènent d'ailleurs la Cour suprême dans l'arrêt Bakke (1978) à mettre un frein à cette discrimination à rebours.

On assiste donc au choc entre deux rêves apparaissant de plus en plus incompatibles, un choc source de malaise. Le rêve dominant est celui des classes moyennes — rêve fait d'un labeur qui doit connaître sa récompense par une condition qui s'améliore, une retraire heureuse, une Amérique honnête et juste, reconnue à l'étranger, par une vie meilleure encore pour la génération suivante.

Les classes moyennes acceptent que ce rêve englobe ceux qui souffrent d'un handicap initial tel qu'ils ne parviennent à le surmonter par leur seul effort. C'est le sens de la croisade lancée par John F. Kennedy et poursuivie par Lyndon B. Jonhson. Ce pari, qu'inspirent générosité comme volonté de paix sociale, les expose semble-t-il à bien des déboires et les atteint dans ce qui est la substance même d'un rêve dont la pérennité depuis l'après-guerre leur paraissait assurée.

Les conditions d'accès au rêve américain pour les pauvres et les exclus de Michael Harrington sont en conséquence jugées plus inacceptables et moins légitimes. Si la notion de solidarité n'a pas disparu à la fin de cette période, son automaticité est certainement remise en cause.

3

LE MARCHÉ OU RIEN ?

L'atmosphère de crise qui prévaut à la fin des années soixante-dix impose une réaction. Il faut trouver une réponse aux menaces d'un empire soviétique qui a mis à profit la détente pour reprendre son expansion et se renforcer, une réponse aux ferments de désagrégation de l'ensemble occidental travaillé par les crises monétaire, pétrolières, commerciales. La réaction est aussi un retour en arrière pour un parti (républicain) et un pays qui veulent retrouver les principes qui faisaient la force de l'Amérique lorsque cette force était encore indiscutable.

On ne peut surestimer l'ampleur de la réaction au plan idéologique. Le progressisme, rejeté sous Truman mais qui revient en force avec Kennedy et plus encore Johnson, est balayé, honni. Un néo-libéralisme empreint de conservatisme règne sans partage. Le marché devient le maître-mot : c'est l'évidence pour Ronald Reagan (1981-1989), la réalité pour George Bush (1989-1993) en dépit de la promesse électorale d'une Amérique « plus douce et bienveillante » — celle d'un marché débarrassé de ses aspérités — une vérité incontournable pour William Clinton.

Ce règne du marché est-il cependant absolu ? L'entreprise s'y soumet, consciente qu'il n'est plus possible d'échapper à sa sanction et que l'emprise qu'elle exerçait naguère est désormais au mieux précaire : les difficultés d'IBM ou de General Motors en sont des exemples frappants. Cette sanction vaut aussi bien pour le produit que pour la source de financement. Mais la persistance du débat sur la politique industrielle ou les limites que rencontre en fait le libéralisme officiel font douter d'une solution en forme de tout ou rien.

L'État prétend se retirer des sphères économique et sociale afin que la régulation par le marché puisse s'effectuer sans entrave. Plus que la déréglementation, c'est abstinence fiscale et l'option monétaire « neutre » qui doivent permettre d'y parvenir. Mais ici, encore, le désengagement budgétaire est plus que douteux et les déficits se cumulent en une dette vertigineuse. L'option monétaire est loin d'être neutre pour les détenteurs des capitaux et débouche sur une manipulation des taux de change.

La société laissée au libre jeu du marché voit polarisation des revenus et inégalités s'accentuer. Est ainsi testé le degré de résistance du tissu social et peut-être politique. Mais la communauté nationale peut-elle laisser des questions aussi déterminantes pour son avenir économique que l'éducation-formation ou la santé à l'appréciation des seules forces du marché ?

1. L'Entreprise

La reconstruction des grands pays industrialisés occidentaux et l'ouverture aux échanges avaient mis fin à la supériorité absolue dont jouissaient les États-Unis. Les effets de cette concurrence résurgente avaient été partiellement différés par la crise énergétique et restreints par la dépréciation du dollar et les avantages procurés par la situation privilégiée des États-Unis en Occident.

La concurrence se fait plus vive à la fin des années soixante-dix — avant la récession de 1982-1983. Les partenaires européens et japonais, sévèrement touchés par le renchérissement du pétrole, ont procédé à des ajustements (au niveau de l'État comme des entreprises) que les États-Unis ont tardé à effectuer. Le secteur témoin de l'automobile est ainsi frappé de plein fouet. Le *Tokyo Round* (1973-1979), septième négociation multilatérale du GATT, a de nouveau abaissé les tarifs douaniers tout en s'attaquant aux barrières non tarifaires. La volonté de maîtriser l'inflation par une hausse brutale des taux d'intérêt attire les capitaux étrangers ; les taux de change du dollar atteignent des sommets inconnus, ce qui occasionne une flambée des importations (le pouvoir d'achat des Américains à l'étranger s'accroît en proportion de l'appréciation de leur monnaie mais handicape les exportations, mettant l'entreprise agricolc ou industrielle en difficulté.

L'environnement économique se transforme en profondeur. L'intégration des grandes économies industrielles, et graduellement de leur périphérie, s'accélère : l'économie-monde américaine, résultat des accords de Bretton Woods et du GATT, étend son emprise par l'intermédiaire du dollar, monnaie d'échange et de réserve quasi universelle, et des investissements à l'étranger ; mais son centre perd une partie de sa force au profit des ex-centres satellites européens et japonais et se voit investi à son tour par des produits ou des filiales étrangères.

La mondialisation de l'économie peut se réaliser grâce à une détente qui s'achève par l'effondrement du bloc soviétique. L'expansion des investissements ne connaît plus de bornes et l'accès aux ressources énergétiques et minières n'est plus un enjeu de rivalités impériales. Le consensus qui s'élabore sur les contours d'un « nouvel ordre international » rend d'ailleurs ce type de questions bien plus aisément solubles comme le montre la guerre du Golfe. Bien que cette dépendance demeure, le côté de plus en plus immatériel de la richesse (et donc pour partie de la puissance) économique contribue également à en restreindre l'importance.

Dans ce contexte nouveau, le débat sur la portée de la désindustrialisation conserve-t-il un sens ? Dès lors que produits, capitaux mais aussi technologie peuvent circuler librement, le lieu dans lequel la fabrication s'effectue est-il fondamental — sachant qu'elle tend à devenir seulement l'une des multiples opérations dans le processus complexe de la production industrielle ?

L'entreprise, qui évolue dans cette économie « globale », se trouve pleinement confrontée aux dures exigences du marché ; mais en période de néo-libéralisme triomphant, elle retrouve une place cardinale qui, en dehors d'une liberté de mouvement quasi absolue, lui donne de sérieux atouts face à l'État et à la société.

1.1 Les diktats du marché

La position de force dont jouissait l'entreprise dans l'après-guerre où la demande de produits standardisés était soutenue — position qu'elle maintenait ensuite grâce à la publicité, au crédit, à un rythme de croissance élevé (inversant la filière qui va en théorie du consommateur au producteur[1] et impuissant ses produits à celui-là) — cette position s'est singulièrement effritée au début des années quatre-vingts. Les grands marchés sont saturés et le consommateur peut être plus exigeant tant sur la qualité que sur la spécificité de sa demande.

La concurrence ne vient plus seulement des autres grands pays industrialisés. Elle s'intensifie du fait de la montée en puissance de ces nations vers lesquelles s'étaient orientés les investissements productifs des États-Unis (principalement) et qui sont devenus ou sont en passe de devenir des « dragons » industriels : Corée, Hong-Kong, Taïwan, Singapour puis Brésil, Mexique, Espagne, Grèce, Malaisie, Colombie, Turquie, Chine…

Se posent ainsi à l'Entreprise les questions suivantes : que produire ? Quels sont les produits pour lesquels il est possible de conserver un avantage comparatif ? Pour qui produire ? Qui sont les clients potentiels et sur quels marchés se concentrent-ils ? Où produire pour bénéficier d'un avantage en termes de coût et s'assurer l'accès à ces marchés-clés ? Comment obtenir les fonds nécessaires à l'implantation sur ces marchés, à la conception puis à la fabrication et à la commercialisation de produits très sophistiqués ? Dans cette recherche de fonds, l'épargne disponible n'est plus uniquement d'origine nationale : la libre circulation des capitaux met l'Entreprise aux prises avec les investisseurs internationaux désireux des placements les plus profitables.

La nature du produit et les moyens de son obtention ont évolué depuis que l'Amérique d'après-guerre renouait avec le fordisme — comme l'expliquent avec beaucoup de justesse Christian Blanc et Thierry Breton[2] :

> La limite idéale du machinisme, c'était une même grande usine dans laquelle les employés travaillaient tous de la même manière afin de produire au moindre coût un seul et unique produit satisfaisant tous les consommateurs.
>
> […] La limite idéale de l'automatisme moderne, ce sont des usines dont la localisation importe peu (en raison de la baisse du coût de transport), dans

1. Selon la description célèbre faite par John K. Galbraith dans *Le Nouvel État industriel*, Paris, Gallimard, 1968.
2. *Le Lièvre et la Tortue*, Paris, Plon, 1994, p. 63.

lesquelles des automates spécialisés fabriquent une grande diversité de produits adaptés chacun à une demande spécifique ; ce sont aussi des centres de recherche-développement rassemblant les compétences en vue de la conception de nouveaux produits ; c'est une activité de service, disséminée partout, assurant la distribution et le service après-vente au plus près des consommateurs.

Or cette évolution s'est opérée avec retard aux États-Unis. L'essentiel du déficit de la balance des paiements courants (biens, services, transferts unilatéraux) est ainsi dû aux produits manufacturés — pour des raisons qu'expose le rapport du MIT déjà cité. Les producteurs américains, polarisés par leur marché intérieur largement captif, ne se sont guère préoccupés de qualité ni des caractéristiques de la demande sur les autres marchés. Plus intéressés par la recherche fondamentale et la percée technologique, ils n'ont pas mis en œuvre les innovations technologiques qui permettent une amélioration marginale du produit — surtout si elles provenaient d'autres pays — et ont de surcroît manqué de rapidité dans la mise au point de nouveaux produits dérivés de ces percées technologiques. Ceci est d'autant plus vrai que la formation des employés chargés de la production est insuffisante — ce qui ne les prépare pas aux changements rapides de la technologie et des marchés — et que les relations avec les sous-traitants sont plus conflictuelles qu'empreintes de l'indispensable esprit de coopération. Enfin, le service à la clientèle est également trop souvent déficient. De « meilleures pratiques » doivent donc être adoptées pour satisfaire aux exigences de la production aujourd'hui.

Du fait de la concurrence des nouveaux pays industrialisés (NPI), les États-Unis ne sont plus compétitifs dans la fabrication des produits standardisés et même des produits sophistiqués banalisés[1] — tels ceux de l'électronique grand public — que, grâce aux transferts de technologie, la Corée, le Mexique ou Singapour peuvent parfaitement fabriquer à des prix nettement inférieurs. L'entreprise située aux États-Unis ne conserve un avantage comparatif que pour les produits très sophistiqués à haute valeur ajoutée ;

1. Kenichi OHMAE, *La Triade. Émergence d'une stratégie mondiale de l'entreprise*, Paris, Flammarion, 1985.

ce n'est en effet que lorsqu'existe une réelle différence en matière de sophistication dans la conception et dans la production que peuvent être versés les salaires américains bien supérieurs.

Selon K. Ohmae, le stratège de la firme Mc Kinsey, les débouchés pour ces produits se trouvent surtout sur les marchés de la triade. Japon, États-Unis, Royaume-Uni, Allemagne, France et Italie représentent 45 % du PNB mondial. Ils déposent la très grande majorité des brevets dans le monde et c'est dans ces pays que se concentrent les industries à haute valeur technologique avancée (aéronautique, machines-outils à commandes numériques…) Ce marché triadien de 600 millions de consommateurs s'homogénéise de plus en plus : c'est vrai pour les biens d'équipement comme pour les biens de consommation (y compris produits alimentaires) moyennant quelques modifications mineures pur tenir compte des différences culturelles résiduelles. Mais le riche consommateur triadien est aussi le plus difficile : ses exigences en matière de service et de qualité requièrent une amélioration constante des produits et de lourds investissements dans le domaine de la recherche.

Les contraintes de l'économie globale

Pour ces produits très sophistiqués, une pénétration simultanée de tous les marchés triadiens est indispensable, compte tenu du coût élevé des investissements nécessaires. Pour les autres, nécessitant une intensité de capital moindre (du type textiles etc.), la fabrication sur une base strictement nationale a été graduellement abandonnée. Parce que les marges bénéficiaires sont très réduites, il faut tirer parti de tous les avantages que les différents pays au sein de cet espace mondial peuvent offrir en terme de coûts : main-d'œuvre, imposition, contraintes au plan de l'environnement… à mettre en regard avec les subventions et autres incitations à l'investissement.

La mobilité des facteurs de production : matières premières et énergie, capital, technologie, est grandement facilitée par la diminution des risques liés à l'investissement à l'étranger (détente puis chute de l'empire soviétique) et le développement formidable des moyens de communications ; les coûts de transport ont considérablement baissé tandis que la transmission des informations est devenue instantanée grâce aux satellites, câble, etc. La localisation de la production, et donc éventuellement des déplacements successifs, sont aujourd'hui principalement déterminés par l'évolution des coûts de production et l'accès aux marchés.

Les éléments constitutifs du choix de localisation n'en sont pas moins complexes. Le degré d'automatisation est variable selon les secteurs : là où le robot a remplacé l'homme (conception et fabrication assistés par ordinateur ou CFAO), les coûts d'assemblage ont chuté de 25 % à 5 ou 10 % du coût total d'un produit. Dans l'industrie automobile, au début des années quatre-vingts selon Kenichi Ohmae, les coûts de main-d'œuvre équivalent à 7 % des coûts totaux de production chez Nissan et sont inférieurs à 6 % chez Toyota. L'avantage de coûts de main-d'œuvre plus faibles doit donc être rapporté aux charges de transports, assurances et taxes du site de production au marché final pour des produits relativement sophistiqués par exemple. Il n'est pas toujours possible d'obtenir une main-d'œuvre de qualité dans certains pays en développement et les infrastructures (transports, télécommunications) sont parfois fort déficientes. La proximité du marché final peut également être un atout important : l'adéquation entre la demande du client et le produit en est facilitée ; de même, la communication entre le centre de recherche et l'unité de fabrication est rendue plus aisée par une proximité géographique. Enfin, le choix du lieu de production est aussi déterminé par des considérations d'accès à un marché qui peut être restreint par des mesures de contingentement ou toute autre décision d'inspiration protectionniste. L'implantation d'une filiale dans ce pays rend l'entreprise citoyenne à part entière et lui permet donc d'échapper à ces mesures discriminatoires.

Les choix stratégiques d'implantation comme les investissements en recherche et biens d'équipement impliquent la mobilisation de ressources financières énormes. C'est bien sûr le cas pour l'entreprise multinationale, mais aussi pour l'entreprise américaine dont l'ensemble des opérations est effectué sur le territoire national : exposée à la concurrence internationale et dépendante des marchés extérieurs, elle ne survit que par une productivité élevée, des produits de qualité, des réseaux commerciaux efficaces.

L'entreprise dispose aujourd'hui d'un pool de capitaux constitué par la quasi totalité de l'épargne mondiale. En effet, parallèlement à l'intégration économique au niveau des moyens de production s'est développée une intégration des marchés financiers. Elle est plus récente puisque la levée des restrictions sur les mouvements des capitaux ne date que du début des années quatre-vingts pour le Japon et la Grande-Bretagne, de la fin de cette même décennie pour la France ou l'Italie. Mais les transactions s'opèrent désormais en continu, grâce à l'électronique, entre les grands centres boursiers de la planète.

Cette fluidité et cette transparence quasi totales ont cependant une contrepartie : les investisseurs sont à la recherche de la rentabilité maximum des capitaux engagés combinée à une sécurité raisonnable. Les principaux investisseurs sont aujourd'hui des sociétés de placement collectif (*investment funds*) créées par des grandes banques, des compagnies d'assurances, des caisses de retraite... qui, parce qu'elles versent des dividendes élevés, exercent des arbitrages constants entre les occasions d'investissement qui se présentent en tous points du globe.

Cette opportunité nouvelle pour l'entreprise américaine (et aussi pour l'État fédéral, comme nous le verrons) est tout à la fois un handicap. Car pour attirer ces fonds, elle doit offrir une rémunération et des garanties supérieures aux possibilités d'investissement alternatives. Elle se trouve ainsi soumise au diktat de rentabilité à court terme des marchés financiers. Ce sont en effet les analystes financiers de Wall Street qui dissèquent les rapports financiers industriels et influent sur les décisions de placement des grands investisseurs. Comme le montre Michel Albert[1], le capitalisme américain est clairement désavantagé quant au coût du capital par rapport à ce qu'il appelle le « capitalisme rhénan » (allemand et japonais) ; les liens étroits qui existent dans ces deux pays entre les grands établissements bancaires et industriels éliminent cette contrainte en autorisant un jugement sur la viabilité à long terme de l'entreprise. Des postes aussi déterminants que la recherche, la formation des employés, la publicité, etc. ne sont pas sacrifiés à la recherche d'une rentabilité immédiate.

L'exigence de rentabilité intervient à un moment où, comme nous l'avons vu, les bénéfices de l'entreprise américaine se réduisent sensiblement sous l'effet de la concurrence. Les moyens dont elle disposait pour

1. *Capitalisme contre capitalisme*, Paris, Seuil, 1991.

s'autofinancer jusqu'aux années soixante et avoir ainsi une grande autonomie de décision se sont largement taris. Elle se trouve donc plus que jamais à la merci des marchés financiers.

La structure optimale de l'entreprise

Lorsque l'entreprise a une spécialisation forte dans un secteur d'activité, elle cherche à la consolider par l'acquisition de sociétés appartenant au même secteur ou par la fusion (*Mergers and Acquisitions* ou M + As). Ce processus de concentration est rendu possible par l'assouplissement de la réglementation anti-trust sous l'Administration Reagan. Elle renforce ainsi soit sa compétence en matière de recherche, soit son réseau de distribution, etc. Elle tend également, comme l'indique le rapport du MIT, à abandonner le segment le moins rentable du marché, c'est-à-dire les produits les moins sophistiqués pour lesquels elle entre en concurrence avec les NPI le plus souvent.

Lorsque l'entreprise a pris une forme conglomérale elle est moins à même d'opérer ce type de concentration. Nous l'avons dit, c'est majoritairement le cas de sociétés spécialisées dans des secteurs où les perspectives de croissance sont limitées ; elles se diversifient pour placer des fonds qui ne peuvent être consacrés à l'investissement productif et pour accroître leur rentabilité financière (industrie alimentaire, textile et habillement, du tabac et du verre…). Elles n'ont donc pas, au niveau décisionnel, la compétence technique pour déterminer les investissements qui amélioreraient la productivité ou la capacité d'innovation des sociétés relevant du conglomérat.

Les conglomérats américains subissent des restructurations brutales, particulièrement au cours de la seconde moitié des années quatre-vingts (le krach d'octobre 1987 contribue à minorer les cours boursiers, rendant les « coups » plus profitables et tentants). Les restructurations les plus spectaculaires prennent la forme du LBO[1]. Le LBO consiste pour l'équipe de direction ou une banque d'investissement à lever des fonds qui sont gagés par l'actif même de la société qui doit être acquise. Il est financé par l'émission d'obligations au taux de rendement d'autant plus élevé que l'opération

1. *Leveraged Buy-Out* ou prise de contrôle par recours à l'emprunt.

paraît plus risquée (les fameux *junk bonds* ou obligations de pacotille lancées par Michael Milken).

Le risque tient en effet à la capacité qu'aura la firme acquise de rembourser la dette qu'elle a ainsi contractée (dans le cas du LBO le plus célèbre portant sur Nabisco en 1988, le montant de l'opération est de 28 milliards de dollars). Une partie de ses compartiments est revendue pour alléger le poids de la dette. Pour le reste, seul un degré de performance bien supérieur peut sauver l'entreprise de la faillite. C'est donc « le dos au mur » que les cadres dirigeants peuvent imposer — aux employés en particulier — les sacrifices nécessaires à la survie de l'entreprise. L'autre grand perdant est l'État, puisque les intérêts payés sur la dette aux prêteurs de capitaux sont déductibles de l'impôt sur les sociétés alors que les dividendes versés aux actionnaires ne le sont pas.

L'entreprise donc, en pleine période de redécouverte du marché, se retrouve au centre des bouleversements de l'environnement productif et financier mondial. Elle n'est pas néanmoins dépourvue de tout moyen pour faire face à ses sévères exigences.

1.2 Stratégies à la marge

Le marché prime. Postulat de l'économie libérale, c'est également une réalité qui s'impose dans une économie globale. Mais concurrence sauvage ne signifie pas que l'entreprise ne possède pas d'atouts. Elle n'est d'abord pas seule sur ce marché mondial où présence est condition de survie. Son sort ne saurait non plus être indifférent à l'État, même si la nationalité devient bien plus indéterminée.

Nombreux sont les éléments qui contraignent ou incitent l'entreprise à une présence simultanée sur plusieurs marchés, et pour l'entreprise américaine sur les grands marchés triadiens. Les coûts de recherche-développement pour les produits très sophistiqués sont énormes et les délais d'amortissement des équipements nécessaires très longs. Dans le cas de l'aéronautique civile, il faut au moins six ans à raison de cinquante avions vendus par an avant d'atteindre le seuil de rentabilité pour un nouveau modèle. Les délais et coûts sont comparables pour la robotique, la télévision haute définition, le génie génétique, une nouvelle génération de semi-conducteurs… et les risques d'échec élevés.

L'évolution très rapide des marchés peut prendre l'Entreprise au dépourvu. La crise énergétique a rendu la voiture américaine de l'après-guerre, surdimensionnée et dévoreuse d'énergie, totalement inadaptée au nouvel environnement. Or il fallait dans les années soixante-dix de six à sept ans pour mettre au point et sortir un nouveau modèle — lorsque le constructeur savait anticiper avec justesse l'évolution du marché. Une anticipation erronée dans ce domaine cumulée à des erreurs de gestion met Chrysler au bord de la faillite en 1979. En cas de percée technologique par un concurrent, la firme ne peut seule refaire le handicap ni se voir durablement évincée du nouveau marché. La mise en place et l'entretien d'un réseau de distribution sur tous les marchés décisifs est hors de la portée même des multinationales les plus puissantes…

La solution passe par la **conclusion d'alliances** de nature diverse. ce peut être de simples accords de commercialisation de produits destinés à compléter une gamme. L'alliance heureusement contractée avec Mitsubishi permet à Chrysler, trop lent à réduire la taille de ses voitures, de vendre des modèles de son partenaire, mieux adaptés à la demande du marché, sous sa propre marque. General Motors fait de même avec Daewoo (constructeur Sud Coréen), 3M avec Toshiba pour les photocopieurs, ATT avec le Japonais NEC pour les microprocesseurs etc…

Ces accords sont aussi des accords de licence pour fabriquer sous brevet d'un partenaire occasionnel — concurrent sur d'autres marchés, ou vendre un produit en franchise. La coopération peut prendre la forme plus ou moins souple d'un consortium, c'est-à-dire un groupement d'entreprises situées en différents points de la Triade partageant leurs ressources ou savoir-faire en vue d'opérations communes. En mettant en commun ou échangeant certaines fonctions telles que la recherche, la production, ou la commercialisation, elles sont ainsi en mesure de se maintenir au meilleur niveau sur leurs marchés vitaux, principalement leurs marchés nationaux. Le *joint-venture* bien connu n'est que la formalisation au plan juridique d'un accord de type consortial.

La mondialisation de l'économie sonne donc la fin — pour l'entreprise d'une certaine taille — du développement solitaire. La firme contemporaine s'inscrit au sein d'un réseau (*web*), tisse une toile de coopérations ponctuelles ou plus durables — en cas de prise de participation croisée au capital de ses partenaires — qui vise à couvrir les **marchés clés** de la planète. Le produit qui résulte de ces coopérations à l'échelon planétaire est la combinaison de savoir-faire tirés de l'un et l'autre :

> Quand un Américain achète une Pontiac Le Mans à Général Motors par exemple, il s'engage sans en être conscient dans une transaction internationale. Des 20 000 dollars versés à G.M. environ 6 000 vont à la Corée du Sud pour des opérations manuelles et d'assemblage de routine, 3 500 dollars au Japon pour des composants de technologie avancée (moteurs, essieux, électronique), 1 500 dollars à l'Allemagne de l'Ouest pour l'étude de conception et l'esthétique, 800 dollars à Taïwan, Singapour et au Japon pour des composants mineurs, 500 dollars à la Grande-Bretagne pour la publicité et les services de marketing et environ 100 dollars en Irlande et à la Barbade pour le traitement de données. Le solde — moins de 8 000 dollars — va aux stratèges de Détroit, à des juristes et banquiers de New-York, à des responsables de groupes de pression à Washington, à des employés du secteur de santé et des assurances sur l'ensemble du territoire et aux actionnaires de General Motors — dont la plupart vivent aux États-Unis mais dont un nombre croissant sont des étrangers[1].

Ceci a des conséquences inattendues sur les options de politique commerciale des grandes entreprises américaines. Un bon nombre d'entre elles revendiquent la **protection de leur marché intérieur**. Cette tentation qui débute par les fabricants de textiles dès les années cinquante a gagné les fabricants de machines-outils ou de semi-conducteurs aujourd'hui. Les différentes modalités de protection — droits de douane et contingents, accords de restriction « volontaires », droits anti-dumping, droits compensatoires et autres obstacles non tarifaires — affectent près d'un tiers des produits manufacturés courants (en valeur marchande) à la fin des années quatre-vingts selon Robert Reich. Et le besoin de protection ne peut que s'étendre : car le renchérissement des prix du textile, de l'acier ou des semi-conducteurs qui résulte de la suppression de la concurrence internationale

1. Robert B. Reich, *The Work of Nations*, New York, Alfred A. Knopf, 1991, p. 113.

met en difficulté les industries de l'habillement, de l'automobile et de l'informatique nationales…

Les stratégies d'alliance conduisent à des situations paradoxales : la volonté première de protéger son marché intérieur entre en conflit avec la nécessité d'importer soit des produits finis soit des pièces ou composants essentiels afin de compléter sa gamme ou demeurer dans la course technologique. Inversement, les entreprises touchées par le contingentement encaissent grâce à des prix plus élevés de confortables bénéfices auxquels elles ne souhaitent pas nécessairement renoncer. Ainsi General Motors, qui détient une participation dans Isuzu et Suzuki, demande la suppression des quotas qu'avait réclamés Chrysler, tandis que les constructeurs japonais souhaitent officieusement leur maintien[1].

Cette recherche de protection peut concerner une extension du marché intérieur, comme c'est le cas pour l'accord ALENA (États-Unis, Canada, Mexique). Les secteurs habillement-textiles et automobile bénéficient en effet de dispositions très avantageuses par rapport aux entreprises concurrentes situées hors de la zone. Mais cette démarche n'est pas pour autant en contradiction avec la tentative d'obtenir dans le cadre du GATT des garanties d'accès aux marchés des partenaires, une discipline internationale concernant les investissements, etc. afin de favoriser la libre circulation des biens (et désormais des services) et au-delà de faciliter ce nomadisme au niveau des implantations.

Indépendamment de cette stratégie de coopération avec des sociétés partenaires — généralement étrangères et éloignées du marché national — L'entreprise américaine mène un autre **dialogue avec l'État fédéral**. Ces relations peuvent paraître étonnantes dans un environnement idéologique marqué par le libéralisme, mais l'État peut s'avérer un allié précieux à plus d'un titre et l'entreprise a la capacité d'influer sur les limites de l'intervention étatique. L'entreprise dans l'économie globale contemporaine a, face à l'État, un poids peut-être comparable à celui de l'époque libérale (fin du XIXe siècle ou années 1920). À la reconnaissance du caractère essentiel de l'initiative privée s'ajoute en effet la marge de manœuvre d'une entreprise

1. Exemple donné par Kenichi Ohmae, *op. cit.*, pp. 77-78.

qui n'est plus liée à un territoire national. La carte-maîtresse de celle-ci dans son dialogue avec l'État est que ce dernier ne peut se désintéresser du sort de l'entreprise : elle détermine l'emploi, le produit fiscal ; créatrice de richesses, elle est aussi source de puissance. Sa capacité d'innover aux plans technologique et scientifique procure un avantage décisif au pays hôte car cette avance peut avoir des implications militaires aussi bien que civiles, comme l'a encore montré la guerre du Golfe dans le domaine de l'électronique.

Soucieuses de compétitivité, les sociétés décident de l'implantation de leurs activités de fabrication comme de recherche en fonction des avantages que procure chaque pays d'accueil. L'État ne peut plus miser sur l'adéquation naturelle entre ses intérêts et ceux de l'entreprise nationale (ce qui est bon pour General Motors…). Il doit donc trouver les moyens d'attirer les investissements de la firme américaine ou étrangère — sans qu'il soit d'ailleurs possible d'établir aujourd'hui une ligne de partage entre l'une et l'autre vu l'imbrication des capitaux.

Un pays comme les États-Unis ne peut faire le choix d'une législation laxiste en matière d'environnement ou de droit du travail. La négociation de l'ALENA a rappelé la force du lobby de l'environnement et l'influence que conservent les syndicats auprès des élus du parti démocrate. Les atouts qu'il doit faire jouer, c'est la qualité de la formation des hommes et, comme le recommande Robert Reich, secrétaire au Travail de l'Administration Clinton, des aides aux entreprises qui optent pour l'implantation de leurs activités de conception et de fabrication de produits de pointe — faisant ainsi bénéficier les États-Unis de la technologie et d'une haute valeur ajoutée.

L'entreprise a-t-elle cependant intérêt à ce que l'État aille jusqu'à adopter ce que les Américains appellent une « politique industrielle » ? Plutôt que des subventions indifférenciées, certains secteurs, sélectionnés pour leur contribution technologique déterminante à l'avenir économique du pays (l'électronique, la biotechnologie, les télécommunications, l'aéronautique…), recevraient des aides ciblées pour la recherche ou le développement de produits définis — ce que s'emploient à faire le MITI[1] au Japon ou

1. *Ministry of International Trade and Industry* (ministère du Commerce international et de l'Industrie).

la Commission de Bruxelles et la plupart des pays européens.

Selon l'économiste du MIT, Lester Thurow[1] ceci relève d'un faux débat car l'État américain, quoiqu'en disent les libéraux, a toujours subventionné les activités industrielles qu'il jugeait importantes pour son développement. C'est sous contrat gouvernemental qu'Eli Whitney a mis au point en 1798 le principe des pièces interchangeables et financé son unité de production de mousquets, alors que l'importation d'Europe eût été beaucoup moins coûteuse. Une politique qui a concerné aussi bien les chemins de fer que l'agriculture, le secteur défense traditionnel que les premiers ordinateurs. Aujourd'hui le Pentagone et les 600 laboratoires nationaux qui collaborent avec lui ou le Département de l'énergie, la *National Science Foundation* qui assure le lien université-monde des affaires n'ont pas un rôle fondamentalement différent de celui qu'assume le MITI.

Quelle responsabilité est-il souhaitable que l'État prenne dans le développement de ces secteurs vitaux de la haute technologie ? L'intervention directe dans la décision de promouvoir tel ou tel produit est catégoriquement rejetée. L'Administration Clinton elle-même a réaffirmé que l'État ne se substituerait pas au jugement du marché, ni par le choix des produits, ni dans la sélection « des perdants et des gagnants » en misant sur ces derniers aux dépens des premiers.

Pareille position n'interdit pas, comme nous l'avons vu, un assouplissement des règles pour la législation anti-trust ou des subventions massives — qu'elles soient indirectes, comme c'est le cas pour l'aéronautique civile (différend Boeing-Airbus) ou très directes et officielles. Ainsi a été constitué SEMATECH, consortium comprenant Motorola, Texas Instruments, IBM, ATT… qui reçoit une dotation fédérale annuelle et dont la vocation est de mettre au point une nouvelle génération de micro-processeurs ; DARPA[2] sous l'égide du Pentagone est chargé quant à lui des circuits intégrés, des lasers, des fibres optiques et des super-ordinateurs ; le programme de télévision haute définition (HDTV) est aussi subventionné.

1. *The Zero-sum Solution - Building a World-Class American Economy*, New York, Simon and Schuster, 1985.
2. *Defense Advanced Research Projects Agency.*

L'État peut — sans crainte d'interférence — être également sollicité dans la cadre de la politique commerciale. Celle-ci a, et c'est le plus fréquent, une orientation défensive : les demandes de protection, nombreuses et bien argumentées, sont parfois suivies d'effets… Mais la politique commerciale peut-être offensive, c'est-à-dire s'attacher à ouvrir des marchés qui demeurent fermés en dépit des meilleurs efforts de l'entreprise. C'est l'approche volontariste que prêche Laura d'Andrea Tyson[1], l'actuelle présidente du Comité des conseillers économiques, pour tout le secteur de la haute-technologie. Les résultats obtenus par l'accord sur les semi-conducteurs avec le Japon seraient plutôt convaincants.

Le marché est la pierre d'angle. Mais l'entreprise de l'économie mondiale est loin d'être démunie face à ses contraintes. Ses règles ne s'appliquent pas dans toute leur rigueur et la firme contemporaine garde bien des moyens de peser sur son fonctionnement.

Lee Iacocca
ou les nouveaux capitaines d'industrie

Cet ouvrage autobiographique[2] — l'histoire d'une réussite individuelle éclatante — a connu un succès prodigieux sous l'ère Reagan. Ses accents pourtant très classiques[3] ont rencontré un écho particulier dans la profession de foi de ce fils d'immigrants proclamant son attachement à quelques valeurs simples mais jugées très américaines et partant en croisade contre les causes tout aussi manifestes du déclin qui menace la « Grande Amérique ».

Lee Iacocca est un homme symbole à un double titre. Il incarne l'immigrant — italien dans son cas — à qui ses parents ont insufflé la rage de réussir, quels que puissent être ses origines et les préjugés auxquels il doit faire face. Il demeure pénétré — en dépit des obstacles et des revers — de cette croyance, au cœur du rêve américain, que la société américaine reste ouverte aux talents et permet à celui qui est imprégné de ses valeurs profondes d'atteindre le sommet : c'est pour lui la présidence de Ford, la direction géné-

1. Voir en particulier *An American Trade Strategy. Options for the 1990s*, Washington D.C., The Brookings Institution, 1990.
2. *Iacocca. An Autobiography*, Lee Iacocca, London, Bantam Books, 1986.
3. *The American Business Creed*, Francis X. Sutton, Seymour E. Harris, Carl Kaysen, James Tobin, Cambridge Massachusetts, Harvard University Press, 1956.

rale de Chrysler et la campagne spontanée pour le porter à la présidence des États-Unis.

Les valeurs qui ont été garantes de son succès sont celles de l'Amérique traditionnelle : le travail car seul il crée les richesses durables ; la famille qui assure l'équilibre et la sécurité indispensables face aux vicissitudes de l'existence ; la solidarité et la justice sociale sans lesquelles l'unité d'une communauté, aussi bien nationale qu'au niveau d'une entreprise industrielle, ne peut être obtenue ; l'amour et la fierté de son pays qui donnent aussi aux individus ce sens d'appartenance dans un environnement international caractérisé par d'incessantes turbulences.

Symbole également de l'entrepreneur, figure clé dans la mythologie américaine. L'entrepreneur est celui qui sait prendre des risques et qui, grâce à son acharnement, à son « flair » et à la conviction qu'il parvient à faire partager finit par réussir. Si la première moitié de l'ouvrage est consacrée à l'enfance, aux études puis à l'ascension jusqu'à la présidence de Ford et sa brutale éviction par un héritier (Henry Ford II) prenant ombrage de sa popularité, l'autre est celle d'une lutte. La lutte qui fait de Iacocca un héros de légende : celle de l'homme qui avec les « six » autres « samouraïs » sauve, contre l'avis de tous, la dixième entreprise américaine de la faillite jugée inéluctable.

C'est à ce double titre que Ronald Reagan fait appel à lui pour restaurer la statue de la Liberté en vue des célébrations qui marquent son centenaire en 1986. C'est le rêve américain, l'esprit d'entreprise qui sont ainsi ressuscités et glorifiés.

Cette autobiographie n'est pas seulement l'occasion de retracer un itinéraire, aussi exemplaire soit-il. Elle permet à Lee Iacocca de partir en croisade contre les abus et les idéologies, également responsables selon lui des maux que connaît l'Amérique. Il condamne tout autant les abus de Ford, le despote ; les abus auxquels conduisent les avantages acquis par les privilégiés et par les revendications syndicales qui minent la compétitivité américaine ; la politique démagogique du Congrès ou de facilité qui conduit au déficit budgétaire. Il leur oppose effort, rigueur, justice.

Lee Iacocca instruit encore le procès des idéologies. L'idéologie libérale qui est un leurre ou une hypocrisie. Le libéralisme intransigeant qui réclamait la mort de Chrysler n'est pas synonyme de liberté. Il aurait contraint des millions de personnes au chômage, appauvri l'Amérique et, parce qu'il va de pair avec un libre-échange irréfléchi, ouvert la porte à des importations japonaises toujours croissantes. Il est parfaitement injuste puisqu'à côté de ces secteurs qu'il faut sacrifier — l'automobile, les textiles et autres « *sunset industries* » sans lesquels la haute technologie des semi-conducteurs… nationale est pourtant condamnée à terme — coexistent des secteurs protégés sous des prétextes discutables. Une société industrielle avancée ne saurait se priver de politique industrielle. Mais il rejette aussi catégoriquement la confusion abusive entre égalitarisme et égalité.

Le message est à la fois tonique et réconfortant : la réussite couronne toujours l'effort ; le juste est récompensé, le mauvais puni. Le capitaine d'industrie contemporain (qui n'est plus le « baron voleur » d'antan) demeure l'avenir de ce grand pays qu'est l'Amérique.

La restauration du marché — même si elle est pour partie rhétorique — rétablit l'entrepreneur dans son rôle. Contrairement au « *manager* » de l'après-guerre plus préoccupé des principes de gestion « scientifique », le chef d'entreprise aujourd'hui est l'homme d'une dynamique. Il est à l'affût constant de l'innovation où qu'elle se produise ; il sait que le risque est l'essence du capitalisme ; il domine les marchés financiers comme l'auditoire de plus en plus étendu qui gravite autour de l'entreprise ; il est un meneur d'hommes et l'interlocuteur des pouvoirs publics. Grand manipulateur autant qu'homme-orchestre, à la fois fragile et tout-puissant, il est la figure emblématique de l'Amérique de cette fin de siècle.

2. L'État

Le dialogue économique et social de l'après-guerre s'était établi entre les « Trois Grands » (*the Big Three*) le monde des affaires, l'État, le mouvement syndical. Des trois, l'État s'accroît sous l'influence des politiques kennedienne et johnsonienne gérées par leurs successeurs. C'est, disent ses détracteurs de la Nouvelle Droite, l'hypertrophie qui le caractérise avec ses conséquences néfastes : il étouffe l'initiative individuelle, altère le rêve américain et conduit à sa propre paralysie.

Le « Grand Dessein » de la révolution reaganienne est de ressusciter l'Amérique. Il y a pour Ronald Reagan, une révolution qui doit s'accomplir pour retrouver l'aube de toutes les promesses : « *it's morning again in America* » ; une révolution de sens contraire à celle de Franklin D. Roosevelt — et Reagan aime les parallèles dressés avec son illustre prédécesseur — mais d'ampleur comparable.

Les accents sont délibérément passéistes : il faut retrouver les valeurs perdues, restaurer le capitalisme, la prééminence des États-Unis ; le regain reaganien, c'est la possibilité de revenir sur cet élan brisé. Rendre à l'Amérique sa puissance économique, c'est rétablir l'*imperium* : une domination sans réel partage, que les gouvernements cachent sous le terme de *leardership*. Les événements l'imposent : les crises commerciale, monétaire, énergétique sont autant de sujets de discorde qui se sont installés entre les membres de cette économie-monde dont le centre donne l'impression de vaciller ; la détente a servi d'écran de fumée à l'abri duquel l'Union soviétique a pu prendre l'avantage sur les États-Unis : ceux-ci sont bafoués en Iran[1] et impuissants face à l'invasion de l'Afghanistan.

Il existe cependant une tension au cœur de l'ambition de Ronald Reagan, que George Bush (1989-1993) fait ensuite sienne : L'État qui doit perdre en taille — on pourrait dire « *Small goverment is beautiful* » — doit dans le même temps être un État fort. Cette tension, qui tient pour partie à la nature de la coalition libérale-conservatrice qui les porte au pouvoir, fait que le désengagement voulu et proclamé a des allures de trompe-l'œil.

2.1 Le désengagement

Comme toute rupture, la révolution reaganienne se veut rapide et radicale. L'État doit être privé de ses moyens d'intervention économique et sociale, rendant au marché sa fonction régulatrice et à l'individu sa liberté. Quoi de plus sûr et efficace que de lui ôter une partie de ses moyens financiers au plan fiscal et monétaire ? La baisse de l'impôt stimulera l'activité, tandis que la fin d'une croissance monétaire erratique et excessive réduira l'inflation.

Ce désengagement est préparé au plan fiscal de manière très méthodique par le premier « directeur des Finances »[2] de l'Administration Reagan, David Stockman. Le raisonnement est d'une élégante simplicité et il est appliqué avec un cynisme candide : les prélèvements fiscaux ont atteint des taux confiscatoires tuant toute incitation à l'effort ; l'abaissement des taux

1. Prise d'otages dans l'ambassade des États-Unis par les « étudiants » de la Révolution islamique, de novembre 1979 à janvier 1981.
2. OMB ou *Office of Management and Budget*.

les plus élevés poussera les vrais créateurs de richesses de l'Amérique à travailler davantage ; à terme, toute l'économie sera relancée et le produit de l'impôt augmentera — l'expérience kennedienne étant citée à l'appui. Le recul des rentrées fiscales initiales contraindra l'État à mettre un terme à ses interventions nuisibles et superflues : dépenses d'assistance, réglementation, aides ou subventions telles celles versées à l'agriculture. Contrairement aux Démocrates pour lesquels l'ajustement recettes-dépenses se fait par le haut (*Tax and Spend*), l'ajustement doit désormais se faire par le bas.

La **réforme fiscale** — présentée comme la grande œuvre des deux Administrations Reagan — se fait en deux temps. L'*Economic Recovery Tax Act*[1] de 1981 abaisse l'impôt sur le revenu des personnes physiques de 25 % sur trois ans — reprenant ainsi la proposition Kemp-Roth de 1977 ; le taux supérieur est ramené de 70 % à 50 %. Peut-être plus décisif, les barèmes d'imposition sont indexés sur l'inflation. L'impôt sur les sociétés est également allégé, les durées d'amortissement raccourcies et le crédit d'impôt pour l'achat de biens d'équipement augmenté.

Cette réforme est néanmoins jugée insuffisante et incomplète par les économistes de l'offre (*supply-siders*) à cause du taux de 50 %, comme par les Démocrates, par le nombre d'exemptions fiscales favorables aux grandes sociétés et aux plus riches qu'elle maintient. Aussi une révision majeure est-elle entreprise en 1986 : au lieu de quatorze tranches (allant de 11 à 50 %), la loi n'en laisse subsister que deux — une à 15 et l'autre à 28 % (avec une tranche temporaire à 33 %) ; en complément, l'assiette est élargie par la suppression de la plupart des paradis fiscaux. Les pertes pour le Trésor ne s'en élèvent pas moins à vingt milliards de dollars (soit 2,6 % des recettes de 1986).

La première cible visée par David Stockman est l'État-providence américain. L'Administration demande au Congrès une réduction massive des prestations sociales — et obtient satisfaction partielle. Sont concernés les allocations de chômage, les bons alimentaires, les aides aux familles (AFDC), les pensions aux personnes handicapées, les programmes de formation mis en place sous Johnson. En dehors du transfert partiel de ces

1. Loi fiscale pour le redressement de l'économie.

responsabilités aux États fédérés, c'est la charité privée qui est censée suppléer au retrait de l'État fédéral en cas de besoin — recréant le sens d'une communauté solidaire. Au passage, les dépenses d'infrastructures (routes, ponts, égouts, aéroports…) sont également rognées.

Le repli de l'État permet de faire place au marché. La **déréglementation**, amorcée sous Carter mais poursuivie avec conviction sous Reagan, garantit un retour aux vertus tonifiantes de la concurrence, tout en concourant à la désinflation (moindres coûts administratifs pour l'État et moins de respect de la réglementation pour les entreprises). Bien qu'elle débute avec les transports routiers, c'est dans le domaine des transports aériens qu'elle est la plus fracassante : la détermination des prix et des obligations de desserte fixée par l'agence gouvernementale — le *Civil Aeronautics Board* — en lien avec les compagnies aériennes est abandonnée au libre jeu du marché, le CAB finissant pas se dissoudre lui-même. La concurrence, qui joue désormais sur les prix et non plus sur le prestige et la qualité du service, provoque un véritable remue-ménage, faisant disparaître des compagnies aussi puissantes mais à la gestion peut-être insuffisamment rigoureuse telle que Pan Am. Pour les secteurs des télécommunications, où les savoir-faire sont de plus en plus dépendants de la technologie informatique (créant ainsi des perspectives nouvelles pour une firme comme IBM), il suffit d'une plainte en justice d'un opérateur empêché dans son développement pour mettre un terme au quasi-monopole d'ATT. « Ma Bell » est démantelé en sept sociétés régionales (les « *Baby Bells* »), ATT se trouvant en compétition avec MCI et Sprint pour les liaisons internationales.

La déréglementation bancaire est moins achevée mais n'en entraîne pas moins des bouleversements profonds dans les domaines de la finance et de l'assurance. Ils résultent de décisions législatives et d'une modification radicale du paysage financier. Deux lois de 1980 et 1982 suppriment le plafonnement de la rémunération des dépôts, amenant toutes les institutions financières ou quasi-financières à se livrer une véritable guerre sur les taux d'intérêt. Les banques commerciales, dont l'activité est cloisonnée depuis la grande crise (*Glass Steagall Act*, 1933), se retrouvent en concurrence pour la collecte de dépôts et l'octroi de crédits avec les caisses d'épargne, dont la fonction était auparavant limitée aux prêts hypothécaires (financement de logements) et avec des sociétés spécialisées dans la grande distribution comme Sears Rœbuck ou certains services financiers tel American Express : toutes ces institutions peuvent proposer des cartes de crédit, accorder des prêts à la consommation ou immobiliers, exercer des activités de courtage, vendre des polices d'assurance-vie…

Place doit être également rendue au marché dans un secteur d'intervention traditionnelle de l'État fédéral depuis les années trente : l'agriculture. L'effondrement des prix agricoles et la misère des campagnes avaient conduit à la mise en place d'une politique de soutien aux revenus en échange d'une limitation de la production. Or la crainte de pénuries au cours des années soixante-dix provoque une remontée des prix : les cours des marchés agricoles sont supérieurs au seuil d'intervention de l'organisme agricole chargé d'éviter leur chute par la constitution de stocks régulateurs, et supérieurs même aux prix dits « d'objectif » garantissant un niveau de rémunération décent pour l'agriculteur. La justification du maintien d'une aide étatique semble donc avoir disparu et la confiance dans le « pouvoir vert » américain est telle que Carter a recours à un nouvel embargo sur les exportations de céréales et phosphates à destination de l'Union soviétique pour la « punir » de l'invasion de l'Afghanistan en décembre 1979.

Dans une optique libérale, l'Administration Reagan veut s'en remettre au libre fonctionnement des marchés internationaux pour assurer aux *farmers* un revenu satisfaisant, tout en affûtant l'aiguillon de la concurrence bénéfique pour l'industrie agroalimentaire et le consommateur. Il faut pour cela obtenir du Japon, et de la communauté européenne surtout, l'ouverture de leurs marchés. L'instauration de la PAC[1] à partir de 1962 a sérieusement restreint l'accès au très important marché communautaire (progressivement élargi), puis a rendu l'Europe occidentale autosuffisante en 1976. Le mécanisme des restitutions à l'exportation en fait de surcroît dès cette date une concurrente redoutable — déloyale même pour les Américains. Les États-Unis cherchent donc à réouvrir le dossier des subventions et de l'accès au marché pour cette épineuse question dès la conférence ministérielle du GATT de 1982 qui doit décider de l'ouverture d'une huitième négociation multilatérale.

1. Politique agricole commune.

Création monétaire et inflation

Grâce aux « hommes du président », l'État, privé d'une portion de ses ressources budgétaires, s'efface donc partiellement de la scène économique et sociale pour laisser les mécanismes du marché s'exercer plus librement. L'État fédéral dispose cependant d'une seconde source de moyens financiers moins visible que les recettes fiscales : celle de la création monétaire. Le gouvernement peut, par l'intermédiaire du *Federal Reserve Board*[1], accroître les moyens de paiement mis à la disposition des agents économiques, soit pour faciliter le financement de ses propres dépenses (en cas de recettes fiscales insuffisantes) soit pour soutenir l'activité économique en rendant le crédit moins cher aux entreprises ou aux particuliers.

Ce pouvoir monétaire n'est pas sans risque si la création monétaire excède durablement la création de richesses (biens marchands). Sa traduction à plus ou moins longue échéance est l'augmentation des prix jusqu'au point d'équilibre entre biens disponibles et moyens de paiement existants. Aux excès de la création monétaire destinée à financer le soutien de la croissance et la guerre du Vietnam dès la seconde moitié des années soixante, s'ajoutent les excédents de liquidités internationales qui circulent librement du fait de l'ouverture et de l'intégration des marchés de capitaux.

Le dollar est le principal responsable de ces excès de liquidités internationales. S'étant progressivement et totalement substitué à l'or, il s'est accumulé au rythme des déficits de balance des paiements américains dans les banques européennes (euro-dollars) puis du reste de l'Occident — pouvant à tout moment reprendre le chemin des États-Unis au gré des taux d'intérêt ou des besoins de financement des entreprises.

L'inflation résulte donc de cette capacité de création monétaire trop discrétionnaire et des dérèglements du système monétaire international qui éclatent au grand jour en 1971. Elle échappe de plus en plus au contrôle gouvernemental — à preuve les tentatives plus ou moins vigoureuses de Nixon, Ford puis Carter. Les politiques gradualistes ont fait la preuve de leur impuissance à venir à bout de l'inflation et l'« attaque frontale » paraît la seule stratégie viable. Les économistes monétaristes préconisent donc des

1. Équivalent de nos banques centrales.

scénarios de « mort brutale » par arrêt soudain de la progression de la masse monétaire — quels que puissent être les niveaux atteints par les taux d'intérêt — puis la fixation de taux de progression réguliers de la masse monétaire (reflétant les capacités de croissance à long terme de l'économie), stabilisant ainsi les anticipations des agents économiques. Ils acceptent donc les conséquences d'un pareil choix en matière de chômage, estimant que les bénéfices économiques et politiques sur le long terme l'emportent.

Car le contexte politique s'est profondément modifié aux États-Unis. La priorité qui allait à la lutte contre le chômage est passée à l'élimination de l'inflation « ennemi n° 1 ». L'érosion de la compétitivité de l'économie nationale que provoque la hausse continue des prix ne peut être arrêtée par la dépréciation du dollar car cette dernière entraîne le renchérissement des importations et porte une lourde responsabilité dans le double choc pétrolier. L'incertitude sur le niveau des taux d'inflation rend aléatoire tout calcul économique — dont la rentabilité d'un investissement. L'érosion monétaire équivaut par ailleurs à une véritable spoliation des détenteurs de capitaux — ceci affectant aussi les classes moyennes aisées et les personnes âgées, une partie influente de l'électorat conservateur.

La nomination de Paul Volcker à la tête du Fed en 1979 marque une inflexion dans le sens d'une politique monétariste. Mais les répercussions sur les taux d'intérêt (qui grimpent à près de 20 %) et le niveau d'activité (– 9 % au second trimestre 1980) font relâcher l'étreinte dans l'attente des résultats de la présidentielle. Ronald Reagan élu, le Fed reprend son attaque et contribue à précipiter la récession la plus sévère qu'ait connue l'Amérique depuis la guerre : le PNB enregistre un recul de 2,5 % (en dollars constants) entre 1981 et 1982 et ne retrouve que progressivement son niveau de 1981 l'année suivante ; le taux de chômage atteint brièvement près de 11 % mais le taux d'inflation qui se situait aux environs de 11 % également retombe entre 2 et 4 % pour le reste de la décennie. Chaque fois qu'une reprise de l'inflation menace, le Fed n'hésite pas à laisser remonter les taux d'intérêt et le cap est maintenu par Alan Greenspan, le successeur de Paul Volcker jusque sous l'Administration Clinton. Les dividendes économiques et politiques sont indiscutables : la croissance est soutenue jusqu'au début de 1990 (la reprise est rapide après le krach d'octobre 1987) ; Ronald Reagan est triomphalement réélu en novembre 1984 et son vice-président George Bush qui s'engage à poursuivre sa politique[1] gagne à son tour l'élection de 1988.

2.2 …en trompe l'œil ?

Les bases de la révolution reaganienne, telles qu'elles avaient été définies au cours de la campagne présidentielle, étaient censées reposer sur un État fort et une économie assainie par le retour à la discipline du marché. Les succès enregistrés sont indéniables sur les fronts de l'inflation et de la croissance (qui oscille entre 3,5 % et 6,8 % avec une baisse à 2,5 % en 1989). Il nous faut pourtant nous interroger sur les moyens et le prix de tels succès et tenter d'évaluer les résultats obtenus en matière de compétitivité — ce qui conditionne la santé de l'économie américaine à terme.

Contrairement à la période précédente, croissance semble rimer avec inflation réduite et taux de chômage en baisse constante (5,2 % en 1989 après les sommets de 9,5 % en 1983 et 1984). Le secret de cette décennie de prospérité, qui se conjugue avec stabilité (hors la secousse de 1987), réside-t-il dans les taux d'intérêts réels[2] élevés qui n'inhibent pas la consommation et l'emprunt — quoiqu'au prix d'un endettement de plus en plus lourd ? Car l'un des principaux moteurs de cette croissance, au début d'une confiance initialement trouvée, paraît bien être un déficit des finances publiques qui tourne au véritable gouffre.

Le déficit du budget fédéral passe en effet d'une zone comprise entre 53,6 et 73,8 milliards de dollars pour la présidence Carter — niveau alors jugé intolérable par les Républicains — à 221,2 milliards en 1986, année où le Congrès s'alarme et s'efforce de le ramener à des proportions moins abyssales ; la dette fédérale a crevé le plafond autorisé de 2 000 milliards de dollars (2 120) — pour un PNB de 4 231 milliards de dollars — l'écart entre recettes et dépenses annuelles atteignant 5 % du PIB.

Comment le déficit a-t-il pu se creuser pareillement en contradiction avec les prédictions des économistes de l'offre ? Les baisses d'impôt, bien qu'elles

1. *« Read my lips : no new taxes ! »* : « Lisez sur mes lèvres : pas de nouvel impôt ! »
2. Égaux à la différence entre les taux pratiqués et le taux d'inflation.

Dépenses, recettes et déficit de l'État fédéral en pourcentage du PIB

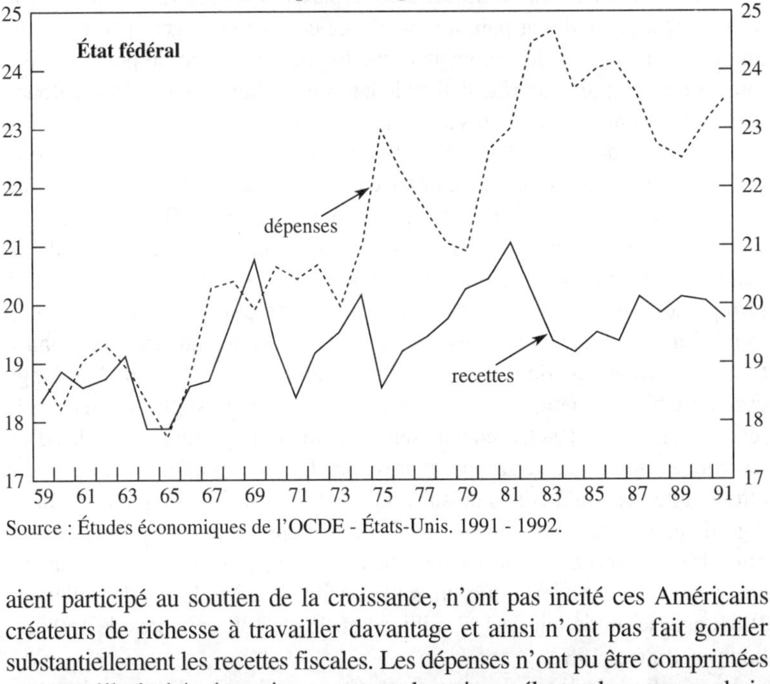

Source : Études économiques de l'OCDE - États-Unis. 1991 - 1992.

aient participé au soutien de la croissance, n'ont pas incité ces Américains créateurs de richesse à travailler davantage et ainsi n'ont pas fait gonfler substantiellement les recettes fiscales. Les dépenses n'ont pu être comprimées autant qu'il eût été nécessaire, tant pour des raisons électorales que par choix politique. Il ne peut être question de diminuer les pensions de retraite et de s'aliéner les classes moyennes ainsi que les lobbys qui forment le « pouvoir gris ». Les dépenses de *Medicare* enregistrent de ce fait une progression de près de 300 % entre 1980 et 1989. Par ailleurs, un État fort et respecté à l'extérieur exige qu'une part plus grande de la richesse nationale soit consacrée à la défense. Beaucoup est investi dans le fameux projet de « guerre des étoiles » ou SDI[1] et les dépenses de défense absorbent près de 30 % du budget avec, il est vrai, un effet multiplicateur appréciable sur la croissance.

1. *Strategic Defense Initiative.*

Les « déficits jumeaux »
Le niveau élevé des taux d'intérêt a des répercussions problématiques sur le taux de change du dollar puis sur la balance commerciale américaine, tandis que le montant de la dette constitue une hypothèque sérieuse pour l'économie nationale et joue un rôle délicat à déterminer dans la récession profonde que connaissent les États-Unis à partir de 1990.

La hausse des taux d'intérêt attire les capitaux à la recherche de la meilleure rémunération. Ces capitaux étrangers convertis en dollars font naturellement monter le cours de la monnaie américaine. Une aubaine pour tous les produits importés ou pour les voyages dans le reste du monde — surtout lorsque le dollar qui s'échangeait à moins de quatre francs français grimpe au dessus de dix francs ! Cette ascension fait à l'inverse beaucoup moins l'affaire des exportateurs handicapés par des niveaux de prix prohibitifs. Les agriculteurs dont la situation s'est aggravée par suite de l'embargo contre l'Union soviétique, d'une concurrence européenne plus intense, de la récession de 1981-1983… connaissent une situation qui rappelle à plus d'un les années noires de la grande dépression. Leurs exportations ne peuvent être maintenues qu'à coups de subventions (dès 1981) et un plan de sauvetage financier doit être entrepris en 1987 en dépit de grands principes libéraux. Plus globalement, la balance sur biens, services et revenu des avoirs américains à l'étranger, qui a un solde positif de 15 millions de dollars en 1981, accuse un déficit de 107 millions en 1985, 130 puis près de 150 millions en 1986 et 1987.

La réaction de l'Administration Reagan est double. Elle consiste tout d'abord à chercher à faire redescendre de façon ordonnée le taux de change du dollar à des niveaux qui reflètent plus exactement les données fondamentales de l'économie américaine face à ses grandes concurrentes. La coopération du G5[1] est obtenue à la conférence de la Plaza (à New York) en septembre 1985 et les taux de change des principales monnaies sont théoriquement stabilisés par les accords du Louvre de février 1987. Parallèlement le secrétaire au Trésor, James Baker, relance le principe d'une nouvelle

1. Outre les États-Unis, le G5 se composait du Japon, de l'Allemagne fédérale de la Grande-Bretagne et de la France. Le G7 actuel inclut également l'Italie et le Canada.

négociation commerciale multilatérale qui élargirait la compétence du GATT à l'agriculture et aux services — deux secteurs où l'avantage des États-Unis est assuré — à la protection de la propriété intellectuelle… L'*Uruguay Round* s'ouvre en septembre 1986 à Punta Del Este.

De même que James Baker tente de remédier au déficit de la balance commerciale, le Congrès cherche à s'attaquer au déficit budgétaire. Exercice délicat pour une Chambre des Représentants qui doit affronter la sanction des électeurs tous les deux ans que de décider où doivent porter les inévitables coupes ! La solution avancée par la loi Gramm-Rudman-Hollings est les réductions automatiques portant pour moitié sur les dépenses civiles, pour moitié sur les dépenses militaires ; mais la Cour suprême déclare la procédure anticonstitutionnelle dès juillet 1986 : le Congrès — tout en se fixant des objectifs de réduction graduelle du déficit — ne peut être lié par ceux-ci.

La persistance des « déficits jumeaux » (*twin deficits*), reflets de déséquilibres inquiétants de l'économie américaine et l'insuffisance des mesures mises en œuvre provoquent un brutal krach boursier en octobre 1987. L'intervention immédiate de la réserve fédérale évite le chaos et on observe un redressement en 1988, avec un déficit commercial plus modéré en 1989 puis 1990, et un déficit budgétaire qui diminue également (aux alentours de 150 milliards de dollars). Mais 1990 marque aussi le début de la récession la plus longue qu'ait connue l'Amérique depuis la guerre…

Il est tentant de voir dans ce krach puis cette récession prolongée la sanction des politiques libérales menées par l'équipe Reagan. S'y ajouterait indéniablement une crise cyclique dont les effets persistent par absence d'une relance gouvernementale (la guerre du Golfe n'ayant pas eu l'impact escompté sur la reprise de l'activité économique).

Sanction en premier lieu de l'ampleur d'une dette contractée au cours d'une décennie folle et qui se traduit par une inéluctable crise de confiance. La dette est d'abord celle de l'État fédéral : inférieure au milliard de dollars en 1981, elle a triplé à la fin des deux mandats de Reagan et se situe désormais (été 1994) aux abords de cinq milliards de dollars ; la charge annuelle de cette dette absorbe 15 % du budget fédéral. Les États fédérés se sont eux aussi endettés et la situation financière d'une ville comme New York a plusieurs fois défrayé la chronique. C'est en fait l'Amérique tout entière qui est endettée : les entreprises pour se restructurer et plus encore pour se livrer à (ou pour tenter de déjouer) des opérations financières risquées ; les ménages trop souvent pris dans une frénésie de consommation et emportés par l'insouciance d'une prospérité à crédit… Aux taux d'intérêt (réels) des années quatre-vingts il est peu surprenant que nombre de dessinateurs humoristiques croquent une Amérique qui termine la décennie avec la « gueule de bois ».

Cet endettement profite largement aux détenteurs de capitaux, qu'ils soient américains ou étrangers. Et il est certain que la « fête » des années Reagan a été entretenue par les Japon, Allemagne occidentale et autres Arabie saoudite. Mais rien de plus précaires que ces fonds à la recherche de la rémunération la plus forte (et sûre). Et puis l'impression se fait plus insistante que c'est le patrimoine national que l'on dilapide : les États-Unis, de créditeurs du monde depuis la Première Guerre mondiale, sont devenus en l'espace de quelques années débiteurs nets (les avoirs étrangers aux États-Unis sont presque deux fois supérieurs aux avoirs américains à l'étranger en 1989) et certains des plus beaux fleurons de l'industrie ou de l'architecture tombent aux mains des étrangers — particulièrement des Japonais.

Sanction ensuite d'un **libéralisme déréglé.** La réglementation est depuis la fin du XIXe siècle la contrepartie du libre jeu du marché[1]. Le relâchement de l'essentiel des contrôles qui accompagne le décloisonnement des activités bancaires est à l'origine de la pire débâcle financière depuis la grande crise. Les caisses d'épargne se lancent dans des prêts à hauts risques (de type *junk bonds*) sans disposer d'une compétence suffisante dans ce compartiment du marché, confiantes dans la garantie de dernier recours qu'offre le *Federal Deposit Insurance Corporation* qui rembourse les dépôts à concurrence de 100 000 dollars par compte. La faillite en chaîne des caisses d'épargne par imprudence ou opérations frauduleuses à la fin des années quatre-vingts coûte au contribuable 200 milliards de dollars (plus les intérêts), car l'État fédéral ne peut ni du point de vue politique (lobbys, famille, amis et géné-

1. Voir à ce sujet Marie-France TOINET, Hubert KEMPF, Denis LACORNE, *Le Libéralisme à l'américaine. l'État et le marché*, Paris, Economica, 1989.

reux donateurs du parti républicain...) ni du point de vue économique (secteurs sensibles de l'immobilier et de la construction) abandonner les caisses d'épargne à la liquidation qu'imposeraient les lois du marché.

Le procès de l'État libéral est donc instruit par Ross Perot[1], candidat indépendant, et William Clinton à un moindre degré lors de la campagne présidentielle de 1992. Les deux candidats dénoncent le faux libéralisme des présidents Reagan et Bush qui n'exclut pas protection et aides mais fait l'impasse sur les responsabilités incontournables de l'État dans les domaines tels que l'éducation, la santé, les infrastructures ou même la haute technologie. Le ton volontiers populiste de Ross Perot est plus incisif lorsqu'il demande pour qui et pour quoi cette dette et ce déficit, qui avec la crise, atteint un rythme annuel de 300 milliards de dollars. Il incrimine les hommes politiques « vendus » et la gabegie ; il en appelle aux sacrifices de tout un peuple pour rendre à l'Amérique et à la génération qui, vient des matins moins trompeurs que ceux que l'habile Ronald Reagan faisait miroiter.

La question qui subsiste est, bien sûr, celle du rôle que l'État doit assumer dans les sphères économique et sociale. Dans un pays où, hors circonstances exceptionnelles, ce rôle a été confiné aux grandes fonctions de sécurité, justice, ordre public, il n'existe pas depuis la guerre de consensus sur l'extension de ces responsabilités qu'un État moderne ne peut pourtant pas reléguer au marché. Un équilibre délicat entre hypertrophie et repli qu'il appartient au Président Clinton de trouver...

3. La Société

La société de cette longue décennie libérale (quoique non insensible aux accents populistes et n'étant pas à l'abri de violents sursauts) est le récepteur plutôt passif des bouleversements qui secouent l'Amérique. Bouleversements auxquels l'entreprise, source de la prospérité des classes moyennes après la guerre, doit soudain faire face. Remise en cause du rôle de l'État

1. Voir la profession de foi électorale de Ross Perot, *United we stand*, New York, Hyperion, 1992.

dans son action de soutien de la croissance (qui facilite l'intégration des différents groupes sociaux) et dans son aide aux plus défavorisés, motivée par un souci de justice et de solidarité.

Le règne du marché qui se veut absolu semble ramener l'Amérique au darwinisme social qui triomphe à la fin du XIXe siècle. La sélection par le marché des élites économiques et donc sociales ne doit pas être entravée ni perturbée par l'intervention de l'État ; la nation dans son ensemble tire profit de la richesse produite par l'action de ces élites, selon la théorie du *trickle down* : les bienfaits de cette richesse finissent par filtrer jusqu'aux couches les plus basses de la société.

Ainsi le rêve américain, également accessible à tous grâce au mérite individuel et à force de travail, s'éloigne-t-il à nouveau pour le plus grand nombre.

3.1 Le rêve à l'encan

Le marché est devenu la pierre de touche, le moyen privilégié de certifier la valeur de tous ; il est également devenu le dispensateur presque exclusif de l'ensemble des biens — les biens publics se raréfiant au profit des biens privés. Le rêve qui, au-delà de sa part insaisissable ou mythique, se traduit banalement par un emploi, un toit et des perspectives d'épanouissement au sein d'une communauté, se trouve soumis au jugement trop souvent sans appel du seul marché.

La tension entre deux cultures, celle du monde des affaires (*business culture*) et celle de la communauté (*civic culture*), toutes deux caractéristiques des États-Unis selon Robert Reich[1] — tourne nettement à l'avantage de la première. Cette dernière l'emporte car elle prône le succès personnel et l'autonomie de l'individu face à la reconnaissance de la responsabilité du gouvernement dans les questions telles que les droits civiques, l'éducation publique, le logement, la santé et l'assistance, la criminalité, la pollution et l'égalité des chances… Le retrait forcé de l'État fait du marché le détermi-

1. *The Next American Frontier*, New York, Times Books, 1983.

nant essentiel de l'emploi et de sa rémunération, ainsi que de la nature de l'habitat au sein d'une société caractérisée par un dualisme de plus en plus marqué.

La mondialisation de l'économie accélère le phénomène de **polarisation de l'emploi**. D'un côté, les chercheurs, les concepteurs, les responsables financiers, tous les spécialistes des différents services aux entreprises : juristes, informaticiens, ingénieurs-conseils, etc… Ils travaillent seuls ou en petits groupes, à l'intérieur de la firme-réseau, sont diplômés d'universités prestigieuses et évoluent librement dans cette économie globale[1]. De l'autre, la main-d'œuvre accomplissant des travaux de routine dans l'industrie ou dans les services. Elle se trouve en concurrence avec la machine ou bien avec d'autres employés faiblement qualifiés en quelque autre point du globe (délocalisation ou transmission de données à distance). Ils conservent un travail dans l'industrie grâce au développement de la sous-traitance ou au retour sur le territoire américain d'emplois peu rémunérés et protégés par la législation sociale.

Ce pôle d'emplois peu ou moyennement qualifiés grossit fortement, regroupant les immigrés clandestins, les membres des minorités pour la plupart, et attirant un nombre croissant de citoyens blancs appartenant aux classes moyennes. Un observateur parle de « classe moyenne évanescente » (*vanishing middle*) — marquant donc l'inversion d'un processus d'accroissement continu depuis la guerre pour les Blancs comme les Noirs. Les emplois subalternes du type coursier ou « *Mc Job* » se multiplient dans les services tandis que l'immigration clandestine offre un volant de main-d'œuvre dramatiquement exploitée dans le secteur agricole. Une situation à laquelle aucune des parties concernées ne cherche d'ailleurs à mettre réellement fin : ni le gouvernement qui n'est ainsi pas tenu aux prestations sociales, ni bien sûr les employeurs qui, depuis le programme *Bracero* lancé au cours de la Seconde Guerre mondiale, disposent d'une main-d'œuvre sous-payée et dans le cas des clandestins fort docile, ni même les immigrants qui fuient une condition parfois pire encore.

1. Voir *The Work of Nations* de Robert Reich et particulièrement la troisième partie : « *The rise of the symbolic analyst* ».

La polarisation se reflète de manière disproportionnée dans les revenus. Selon les chiffres donnés par l'analyste politique Kevin Phillips[1], le directeur général d'une grande société américaine recevait en moyenne en 1990 cent treize fois le salaire d'un employé, contre seulement vingt-neuf fois dix ans plus tôt (et entre vingt et trente-cinq fois pour son homologue allemand ou japonais). Le nombre des milliardaires a décuplé (de 6 à 60) pendant les années quatre-vingts et Michael Milken, l'inventeur des *junk bonds* a gagné 550 millions de dollars en 1987, année du krach boursier. Les nouveaux héros s'appellent Donald Trumps, Steven Jobs ou William Gates. Cette ère de fortunes rapides (*get rich quick*) est aussi celle de l'ostentation, contrairement au devoir de retenue que professait le célèbre millionnaire Andrew Carnegie dans son *Évangile de la richesse* au début du siècle.

À l'opposé, les familles représentant le « cœur » des classes moyennes — celles dont les revenus se situent entre 20 et 50 000 dollars — enregistrent en dix ans un déclin de 5 % (de 53 % à 47,9 %), un pour cent rejoignant les classes les plus aisées, les quatre autres pour cent tombant dans les tranches de revenus inférieurs. Entre 1975 et 1985, un Américain sur trois franchit le seuil de la pauvreté à une reprise au moins, la moitié y restant une ou deux années. Le revenu médian d'une famille diminue de 25 518 dollars en 1977 à 23 508 en 1987. Conséquence de l'augmentation des impôts pour certains (il ne subsiste plus que deux tranches), des prélèvements sociaux, comme de la baisse des salaires. Celle-ci est accentuée par le phénomène de désyndicalisation dû au transfert vers les services, à la concurrence avec l'étranger (menace de délocalisation) et à une attaque en règle menée contre les syndicats, soit en tentant de leur faire perdre le droit d'être représenté dans l'entreprise, soit en prévenant leur implantation (cas de nouvelles filiales). Pour les minorités, le revenu médian passe pour les Hispano-américains de 70 % à 64 % de celui d'une famille blanche, tandis que celui des Noirs plafonne à 57 %.

Emploi et rémunération conditionnent l'**habitat**, autre composante du rêve américain. L'habitat n'est pas seulement le logement, c'est un lieu de

---

1. Kevin PHILIPPS, *Boiling Point. Democrats, Republicans and the Decline of Middle class prosperity,* New York, Random House, 1993.

vie qui décide de la qualité des services locaux et de la sécurité. Au premier chef des services locaux pour une famille, la qualité du système d'enseignement public — le degré d'instruction déterminant plus que jamais l'avenir professionnel et donc les possibilités de promotion sociale. En dépit du *busing*, de la drogue et de la délinquance, l'école publique demeure l'accès principal à l'éducation à cause de la rapide augmentation des droits d'inscription dans l'enseignement privé.

Si la propriété de la résidence principale ne recule que légèrement pour l'ensemble de la population (de 63,8 % en 1986 contre 43,6 % en 1940), l'accession à la propriété est rendue beaucoup plus difficile pour les jeunes par la baisse des revenus et la hausse des taux d'intérêt : de 1980 à 1987 elle tombe pour les moins de 25 ans de 21,3 % à 16,1 % ; pour les 25-29 ans de 43,3 % à 35,9 % ; pour les 30-34 ans de 61,1 % à 53,2 % et pour les 35-39 ans de 70,8 % à 63,8 %.

Plus préoccupante est la situation des sans-abri et la détérioration des conditions dans le ghetto. Elles résultent bien sûr de la précarisation croissante de l'emploi et de la baisse des revenus, mais aussi de la politique urbaine menée par les pouvoirs publics. La fuite vers les banlieues au cours des années cinquante avait amené une paupérisation des centres villes et une dégradation des équipements collectifs. Soucieux d'y remédier, le gouvernement fédéral, en lien avec les collectivités locales, entreprit une rénovation des centres. Les sociétés multinationales, attirées par les incitations fiscales et regroupant leurs fonctions de coordination et de contrôle à proximité des services bancaires, juridiques et de conseil, s'installèrent dans les « *Central business districts* » (CBDs). Les sièges sociaux et la classe moyenne supérieure qui revient dans les secteurs rénovés côtoient donc les habitants des ghettos qui y subsistent.

Ce processus d'« emboùrgeoisement » (*gentrification*) des centres aggrave la situation des plus déshérités. Elle entraîne en effet la destruction de ghettos, sans assurer le relogement de ceux qui en sont chassés, mais aussi des habitations à loyers abordables pour les personnes à revenus très modestes (du type hôtels SRO[1]). La forte diminution des aides fédérales

1. *Single-Room Occupancy Hotels.*

octroyées sous forme de dotation globale (et non plus fléchée) et le retour au principe du marché dans se secteur également ont fait empirer la situation de cette population déjà marginalisée.

La concurrence pour l'emploi, un logement et parfois la drogue comme source de revenus entre les communautés noire, hispano-américaine et coréenne débouche sur l'épisode de violence urbaine qui secoue Los Angeles en 1992 et fait soixante morts, beaucoup plus de blessés et bien des dégâts.

3.2 Une Amérique plus douce et bienveillante ?

Le creusement des inégalités sous les présidences Reagan et l'étalage de richesses acquises en peu de temps appellent quelques correctifs. Il ne peut être question de répudier l'héritage d'un président qui reste très populaire, de la droite conservatrice jusqu'aux classes moyennes reconnaissantes d'une prospérité apparente après les années de crise et de doute ; mais le spectacle de certains excès ainsi que la nécessité de plus de solidarité pour la cohésion sociale et le progrès économique (qui sont incompatibles avec exclusion ou marginalisation durables) poussent le candidat Bush à promettre une inflexion des politiques invoquant le marché comme unique moyen de régénérer l'Amérique.

La hausse brutale des prix du pétrole consécutive à l'invasion du Koweit par l'Irak en août 1990 contribue cependant à précipiter une récession dont le nouveau président ne parvient pas à sortir le pays au cours de son mandat. Le déséquilibre des finances publiques s'accroît : moins de rentrées fiscales, plus de dépenses liées au chômage, auxquelles s'ajoute le renflouement des caisses d'épargne. Au terme d'une guérilla de plusieurs mois, président et Congrès finissent pas s'accorder sur un relèvement des impôts directs et indirects et une limitation stricte des dépenses (adoption du principe « *pay as you go* » selon lequel toute dépense nouvelle exige une augmentation des recettes ou une réduction d'autres dépenses). En dépit du vote de ce texte important[1] — l'*Omnibus Budget Reconciliation Act* de

1. Les tractations nombreuses auxquelles il a donné lieu sont exposées avec saveur dans *The Lobbyists* de Jeffrey H. Birnbaum, New York, Times Books, 1992.

novembre 1990 — le déficit budgétaire s'accroît à 270 milliards de dollars en 1991 et 300 milliards en 1992. Ceci restreint considérablement la marge de manœuvre du président.

Quels que soient donc les succès diplomatiques de George Bush auprès de la Russie et de la Chine comme des Alliés occidentaux lors de la guerre du Golfe, c'est son échec au plan intérieur qui lui vaut un cuisant échec aux présidentielles de 1992. Le démocrate Clinton, qui se dépeint comme l'incarnation du rêve américain pour les classes moyennes laborieuses (George Bush est issu de la Droite patricienne) est finalement plus convaincant lorsqu'il propose de remédier — par plus d'État mais sans remettre en cause le fonctionnement du marché — aux problèmes domestiques américains.

Plus de « bienveillance » ne signifie pas — ou ne signifie plus — davantage d'assistance. Le milliardaire Ross Perot le dit avec force : il appartient à la communauté, c'est-à-dire en dernier ressort à l'État, d'**aider chaque Américain défavorisé à « mettre le pied à l'étrier »**. Car les temps ont changé ; un travail acharné ne suffit plus à l'ascension sociale. La formation initiale est désormais décisive. Elle fait toute la différence entre un emploi et le chômage — ce qui pour les minorités équivaut à drogue, délinquance, ghetto. Et entre deux emplois — celui d'un travailleur qualifié et celui d'un travailleur non qualifié — l'écart des revenus moyens est passé de 15 à 50 % en l'espace d'une décennie. Mais une fois cette prise assurée, il incombe à chacun de gravir les échelons de cette fameuse échelle qui mène à la réussite et au bonheur — façon américaine.

Plus de « douceur » c'est aussi aujourd'hui donner à chaque citoyen la possibilité d'être soigné. Car financièrement ceci est hors de portée pour 37 millions d'Américains (environ 15 % de la population de moins de 65 ans) dont une proportion plus élevée de jeunes adultes. Les régimes publics de couverture sont, depuis l'introduction de *Medicare* et *Medicaid*, soumis à des conditions d'âge ou de revenus strictes. L'assurance privée relève de l'employeur ou du salarié lui-même. Car, bien que les primes soient déductibles de l'impôt sur les sociétés, tous les employeurs ne choisissent pas ou n'ont pas les moyens d'acquitter des primes très lourdes. Le salarié qui ne bénéficie pas de cette déductibilité et qui fait de surcroît l'objet d'un « écrémage » (fonction des risques santé qu'il présente) de la part des assureurs bien souvent ne souscrit pas de police de couverture maladie.

Ces deux domaines de la formation et de la santé ne peuvent donc être laissés à la simple discipline du marché. Aider les Américains à s'aider eux-mêmes, c'est en effet aider l'Amérique.

Le marché n'apporte ni une régulation satisfaisante des coûts, ni l'efficacité la plus grande. Malgré les difficultés que rencontrent les systèmes de santé dans tous les pays occidentaux, c'est aux États-Unis que les dépenses de santé sont les plus élevées (12,1 % du PIB en 1990 contre 7,5 % en moyenne pour les pays de l'OCDE et 8,8 % pour la France) alors que la part de l'État est la plus faible (à l'exception de la Turquie) : 42,4 % contre 74,5 % pour l'ensemble des pays de l'OCDE. La progression des coûts continue (14 % du PIB en 1992) sans résoudre pour autant les problèmes d'assurance (écrémage) et de non couverture pour ces 15 % d'Américains ne pouvant bénéficier d'un régime public.

Deux phénomènes il est vrai y contribuent : l'absence de contrôle sur la prestation de soins et la mise en jeu fréquente de la responsabilité pécuniaire du médecin ; le choix politique de restreindre voire de comprimer toutes les autres dépenses publiques (militaires exceptées) mais de laisser filer les dépenses de santé : la part de *Medicaid* et de *Medicare* (les 2/3) est passée de 7,6 % à 13,3 % du budget fédéral entre 1980 et 1992 et, en l'absence de réforme, atteindrait 27,3 % en 2 003. Le risque serait donc, pour les pouvoirs publics comme pour les employeurs, de sacrifier une partie de la protection contre une meilleure maîtrise des coûts ; par ailleurs, l'enquête menée par Hillary Clinton montre la détresse des familles américaines non ou insuffisamment assurées lorsqu'elles sont frappées par la maladie.

Inversement, la part de l'État fédéral a nettement baissé dans **l'investissement éducation-formation** : de 5,39 % du budget en 1980 elle est tombée à 3,15 % en 1990 en dépit du rapport alarmant de 1983 sur les lacunes du système éducatif : *A Nation at Risk* ; la participation fédérale (qui se situe aux environs de 10 %) est de surcroît proportionnelle aux dépenses des collectivités territoriales, ce qui accentue les inégalités dont pâtissent les communautés les plus pauvres.

Si le système d'enseignement supérieur américain est l'un des meilleurs au monde, l'éducation secondaire est notoirement insuffisante — les résultats aux tests mathématiques et scientifiques plaçant les États-Unis aux derniers rangs des pays de l'OCDE. Or les besoins actuels en diplômés de l'enseignement supérieur ne sont pas satisfaits et les changements des modes de production requièrent des travailleurs de plus en plus qualifiés à pratiquement tous les niveaux.

Ces exigences ont d'autant moins de chance d'être remplies compte tenu de l'évolution dans la composition de la population active américaine. Plus d'un tiers des Américains nés au cours des années quatre-vingts sont noirs ou hispaniques. Le rapport de l'OCDE pour 1993 indique que la part des travailleurs noirs dépourvus d'un diplôme de l'enseignement secondaire dépasse 20 %, soit une fois et demie le taux observé dans la population blanche et qu'un tiers des Hispaniques ne terminent pas leurs études secondaires. Par ailleurs, le pourcentage d'immigrés dans la population active est passée de 6,9 % en 1980 à 9,3 % en 1988. Une proportion en croissance constante du fait d'une législation qui a relevé le plafond du quota général (de 290 000 par an à 425 000 en 1986 et 714 000 en 1990) et a offert d'amnistier tous les immigrés clandestins ayant résidé plusieurs années aux États-Unis. Au terme de l'amnistie en 1989, seulement 1 500 000 immigrés avaient choisi de régulariser leur situation, alors que l'on estime que l'immigration clandestine représente entre 4 et 7 millions de personnes pour les années quatre-vingts. À l'absence de qualification s'ajoute dans leur cas les problèmes de l'intégration.

L'État doit donc jouer un rôle actif de régulation sociale. Au delà des questions de productivité en baisse tenant à une main-d'œuvre insuffisamment qualifiée et aux soucis de compétitivité causés par l'explosion des coûts de santé, son intervention ou sa médiation est plus susceptible de parvenir aux grands équilibres sociaux. Il importe en effet qu'un équilibre dynamique soit trouvé entre les différentes composantes ethniques d'une population américaine en pleine évolution : la promotion de tous évitant que ne se perpétuent les conflits liés à une hiérarchie raciale nécessairement instable est aussi le meilleur garant d'une baisse de la criminalité ; la relance des programmes *Head Start* ou *Job Corps* mis en place sous la présidence Johnson est au moins aussi importante qu'une loi réglementant le commerce des armes (il se commet un meurtre toutes les vingt-deux minutes aux États-Unis)…

Le **vieillissement de la population américaine** comporte d'autres conflits en puissance. En trente ans (1960-1990), la tranche des moins de 18 ans a perdu dix points, passant de 35,7 % à 25,6 %, avec ses conséquences défavorables sur le taux actifs-retraités. La force revendicative des « panthères grises » et sa montée en puissance au plan politique (comme on peut le constater en ce qui concerne les dépenses de santé) risque d'être une source de heurts entre générations. Les compromis avancés par la Commission Greenspan entre l'augmentation progressive des cotisations et les incitations à un départ retardé à la retraite devront sans doute être révisés à terme. Il importe ici encore que le dialogue social soit entretenu par un État qui apparaisse soucieux de l'intérêt de tous.

La Nouvelle Droite, qui inspira le credo reaganien, a insisté sur le caractère étranger de l'État-providence à l'idéal américain. La prise en charge du citoyen du berceau au tombeau — comme semblait l'annoncer la Charte des droits économiques et sociaux de Roosevelt et Truman — serait attentatoire à la liberté et à la responsabilité individuelles, condition *sine qua non* de l'épanouissement.

L'État moderne a néanmoins une responsabilité particulière dans les moyens dont dispose chaque individu pour atteindre à sa dignité, autant qu'il a vocation à garantir la cohésion sociale. Plus qu'à des concessions arrachées à un marché exposé aux vicissitudes de la conjoncture économique, le dynamisme d'une société tient davantage à l'accessibilité au rêve pour tous — et de cela, le marché seul ne paraît pouvoir être le garant.

CONCLUSION

Le déclin annoncé des États-Unis et le débat que cette question a suscité nous conduisent à revenir sur notre propos initial : comment établir des comparaisons intertemporelles qui puissent nous aider à mesurer le changement ?

Les manifestations de cette érosion de la puissance économique américaine sont nettes : l'ampleur de la dette contractée par les États-Unis et l'hypothèque qu'elle fait peser sur l'avenir ; le recul de la part des États-Unis dans la production manufacturière mondiale (de plus de 40 % dans les quinze années de l'après-guerre à environ 30 % aujourd'hui) alors qu'une industrie florissante favorise le développement du secteur des services ; la perte de l'avance technologique dans les secteurs de pointe alors que les économistes insistent sur les avantages de « l'antériorité » dans ce domaine. Qu'on explique ce déclin par une projection excessive de la capacité militaire des États-Unis comme le fait Paul Kennedy[1] ou par un inévitable rattrapage favorisé par la diffusion technologique et un environnement international pacifié n'est ni indifférent, ni d'ailleurs exclusif, mais ne nous permet pas de mieux appréhender la place qu'occupent les États-Unis dans l'économie mondiale contemporaine (comparativement à celle qui était la leur à la fin de la Seconde Guerre mondiale).

Si l'on examine à grands traits les changements majeurs intervenus depuis 1945, le rôle joué par les États-Unis apparaît immédiatement : l'effondrement de l'empire soviétique ; la montée d'une Europe unifiée et d'un pôle asiatique autour du Japon ; la globalisation de l'économie mondiale. Ces directions ont été imprimées par les États-Unis parce

1. *The Rise and Fall of the Great Powers*, New York, Random House, 1988.

qu'elles ont été conçues comme devant servir leurs intérêts et ceux du bloc occidental. Au delà de la rivalité classique entre grandes puissances, il fallait limiter — et pour certains éliminer — l'influence de l'URSS afin de gagner une totale liberté de mouvement. La construction d'une Europe puissante devait écarter la répétition des conflits internes dans lesquels l'Amérique s'était trouvée deux fois entraînée et la rendre plus forte face à l'Union soviétique proche ; en la laissant comme le Japon sans véritable autonomie militaire, Washington s'assurait de la cohésion de l'Alliance. L'interdépendance était accrue dès lors que les économies s'ouvraient — ce qui était de surcroît la promesse d'une prospérité partagée ; la globalisation aujourd'hui va très loin dans ce sens puisqu'aucun pays industrialisé ne peut plus se soustraire — non aux effets de crises profondes comme c'était déjà le cas dans les années trente — mais aux modifications sensibles des politiques budgétaires, monétaires, de législation du travail des grands acteurs de la scène économique mondiale.

L'économie-monde américaine subsiste, même si s'étant étendue à la planète, les États-Unis apparaissent moins clairement en être le centre tout-puissant. Le système monétaire, financier et commercial continue — en dépit de secousses et mutations — à fonctionner : le dollar demeure la seule véritable monnaie internationale, la clause de la nation la plus favorisée est toujours le principe cardinal d'un GATT aux compétences élargies (désormais Organisation mondiale du Commerce), le FMI paraît être l'instrument le plus adéquat d'intégration des anciennes économies socialistes. Plus important, soulignait Fernand Braudel, les capitaux du monde entier affluent pour pallier l'insuffisance de l'épargne nationale : capitaux servant à financer les déficits ou à assurer l'investissement ; les États-Unis sont le premier marché, ont des centres de recherche où l'on se presse, un avenir sur lequel on continue donc à miser…

Un signe sûr d'un décentrage en cours de l'économie-monde américaine vers d'autres pôles de puissance serait la constitution de noyaux alternatifs disposant d'une autonomie assez grande pour exercer une force d'attraction propre. En dépit de l'élargissement continental auquel semble vouée l'Europe communautaire et l'ambition japonaise de recréer une « zone de co-prospérité asiatique », aucun de ces centres potentiels n'est doué de l'unité nécessaire ni doté des attributs politiques, monétaires (même pour la Communauté européenne), militaires et d'une emprise suffisante pour former un embryon ayant en puissance les attributs d'une économie-monde distincte.

À la question de la pérennité de l'économie-monde américaine, nous pouvons tenter de répondre en nous interrogeant sur la façon dont les États-Unis ont accédé au statut de nation-centre, et sur les éventuelles modifications des déterminants fondamentaux de la suprématie.

Les bases de la puissance américaine sont antérieures aux deux guerres qui ont achevé de l'établir au premier rang. Elles reposaient déjà sur une dotation en ressources exceptionnelles, sur la volonté d'en tirer le plus grand parti, sur la mise au point d'une technologie qui confère une maîtrise de l'espace et de la production que ne pouvait autoriser une main-d'œuvre trop peu nombreuse, sur une richesse accumulée qui permette le pouvoir militaire, sur une ambition impériale à l'échelle continentale (doctrine de la « Destinée manifeste » dès les années 1840) et la certitude d'avoir la capacité de se mesurer au monde (politique de la « Porte ouverte » dès la fin du XIXe siècle).

Mais la puissance vient également d'un mode d'organisation politique, économique et social. Cette puissance s'est édifiée dans une relation qui privilégie l'action de l'individu sur son environnement, les moyens (au départ limités) dont dispose l'État étant au besoin mis à sa disposition car l'entreprise individuelle est censée *in fine* bénéficier à l'ensemble du corps social. Ce mode de relation a prévalu depuis la colonisation de l'Ouest ou l'industrialisation massive de l'après-guerre civile. Il a cependant rencontré ses limites lors de la Grande Crise où seule l'action de l'État (puis la guerre) conduisent au rétablissement de l'économie, à l'obtention par les classes laborieuses d'un filet de sécurité qui répond à la fois du principe de l'assurance et de l'assistance (le gouvernement fédéral acceptant de se substituer très partiellement à la charité privée).

Ce qui domine dans l'histoire de ces cinquante dernières années est la recherche d'un nouveau complexe de relations État-entreprise et État-société. L'État fournit à l'entreprise un cadre élargi pour son action au sein duquel il assure sécurité et stabilité ; il devient le régulateur accepté de la croissance, même s'il ne peut qu'atténuer l'impact des cycles économiques, et plus encore le régulateur social. Quelle que soit la contestation à laquelle il s'expose, il est l'instrument de la conciliation entre les intérêts de plus en plus divergents entre communauté nationale et entreprise, chargé qu'il est de définir un cadre profitable à l'une et à l'autre.

Le monde actuel ne rend pas ces atouts caducs. Les États-Unis ont, grâce à l'intégration continentale en cours, une masse critique à la mesure de l'économie mondiale : l'Accord de libre échange nord-américain ratifié en novembre 1993 leur donne des ressources énergétiques et minérales accrues, une main-d'œuvre à des coûts très compétitifs, un vaste marché qui s'unifie — un processus qui a toutes chances de s'étendre à l'« Hémisphère américain ». Les États-Unis disposent seuls de la véritable puissance militaire. Bien que celle-ci ait été jugée moins décisive avec la « fin de l'histoire »[1] et que les retombées civiles de la recherche militaire ne justifient plus guère les dépenses qui y ont été consacrées, la guerre du Golfe a prouvé l'avantage politique comme économique qu'elle représentait au moins autant sur l'adversaire que sur les Alliés.

Les facteurs culturels ne sont pas moindres. La supériorité que Michel Albert décèle dans ce qu'il appelle le capitalisme rhénan, favorisant une meilleure coordination entre industrie et finance qui facilite les projets de long terme ainsi que garantissant un consensus social à l'épreuve des antagonismes à l'américaine, apparaît moins certaine à la lumière des crises allemande et japonaise actuelles. Les rigueurs du marché boursier dans l'orientation des choix, les exigences pour l'individu d'une autonomie posée comme norme ont d'indéniables vertus si l'État peut y apporter (à la marge ?) d'indispensables correctifs.

L'économie globale d'aujourd'hui reste indéniablement façonnée par les États-Unis. Ce siècle américain dont Henry Luce[2] saluait l'avènement à l'issue de la Seconde Guerre mondiale ne paraît pas terminé.

---

1. Francis FUKUYAMA, *La Fin de l'histoire et le dernier homme*, Paris, Flammarion, 1992.
2. Le fondateur de l'hebdomadaire américain *Times*.

BIBLIOGRAPHIE

Outre les ouvrages signalés en notes, quelques indications sur des sources statistiques ou des documents portant sur l'histoire économique ou celle de la période récente peuvent être recommandés ici.

• Sources statistiques

Les grandes données sont regroupées dans deux publications du Département du Commerce américain :
– *Historical Statistics of the United States* (Colonial Times to 1970) 2 volumes.
– *Statistical Abstract of the U.S.* (publication annuelle).

Peuvent également être consultés avec profit les rapports du GATT, de l'OCDE et celui du président au Congrès : *Economic Report of the President*. Le Centre d'Études Prospectives et d'Information Internationale — CEPII — publie également des bilans utiles, ainsi que l'Institut Français de Relations Internationales — IFRI — (RAMSES ou *Rapport Annuel Mondial sur le Système Économique et les Stratégies*).

La lecture de la presse quotidienne ou hebdomadaire française et anglo-saxonne : le *Financial Times*, le *Wall Street Journal, Business Week*, les publications de la Documentation française (*Problèmes économiques, Problèmes économiques et sociaux*) fournissent des éléments d'information économique et statistiques précieux.

• Ouvrages d'histoire économique et sociale

Il existe de nombreuses histoires économiques américaines ; elles couvrent cependant habituellement l'ensemble de l'histoire des États-Unis et ne sont guère récentes. On peut signaler :

HUGHES Jonathan, *American Economic History*, Glenview, Illinois, Scott, Foresman and CY, 1987.

Plus centrés sur la période récente et fort instructifs :

CALLEO David, *The Imperious Economy*, Harvard University, 1982.

CREMIEU-SOPPELSA Elisabeth, LACHMAN Marie-Gabrielle, FRAYSSE Olivier, *Les États-Unis*, Paris, Sirey, 1992 (6e éd.).

DOREL Gérard *et al.*, *Les États-Unis de 1945 à nos jours*, Montreuil, Bréal, 1990.

FOUET Monique, *L'Économie des États-Unis*, Paris, La Découverte, coll. Repères, 1989.

RIVIÈRE Jean, *Les États-Unis à l'horizon de la troisième Révolution industrielle*, Presses universitaires de Nancy, 1986.

STEIN Herbert, *Presidential Economics*, Washington D.C., American Enterprise Institute for Public Police, Research, 1988.

Plus spécialisés sur une question particulière :

BELLON Bertrand, NIOSI Jorge, *L'industrie américaine, fin de siècle*, Paris, Seuil, 1987.

BRENDER Anton, *Un choc de nations*, Paris, Hatier, 1989.

BURGESS Françoise, *America-le rêve blessé*, Paris, Autrement, série Monde, 1992.

DEBOUZY marianne, *Travail et Travailleurs aux États-Unis*, Paris, La Découverte, 1990.

FOUET Monique, *Le Dollar*, Paris, La Découverte, 1989.

GHORA-GOBIN Cynthia, *Les États-Unis - Espace, Environnement, Société, ville*, Paris, Nathan, 1993.

GRAPIN Jacqueline, *Forteresse America*, Paris, Grasset, 1984.

HARRISON Bennett, BLUESTONE Barry, *The Great U-Turn*, New York, Basic Books, 1988.

MENTRE Paul, *L'Amérique et nous*, Paris, Dunod, 1989.

PASTOR Robert, *Congress and the Politics of US Foreign Economic Policy 1929-1976*, Berkeley, The University of California Press, 1980.

PHILLIPS Kevin, *The Politics of Rich and Poor*, New York, Harper Perennial, 1991.

PISANI-FERRY Jean, *L'Épreuve américaine*, Paris, Syros Alternative, 1988.

TOINET Marie-France, KEMPF Hubert, LACORNE Denis, *Le Libéralisme à l'américaine*, Paris, Economica, 1991.

Plus thématique :

AZUELOS Martine, *L'Économie du Royaume-Uni et des États-Unis depuis la fin des années 70*, Paris, PUF, 1994.

• Ouvrages d'histoire contemporaine

pour une perspective plus « globale »

HEFFER Jean, *Les États-Unis de Truman à Bush*, Paris, Armand Colin, 1991.

KASPI André, *Les Américains,* Paris, Seuil, coll. Point, nlle. éd. 1994.

MÉLANDRI Pierre, *Histoire des États-Unis depuis 1865*, Paris, Nathan, 1984.

MÉLANDRI Pierre, PORTES Jacques, *Histoire intérieure des États-Unis au XXe siècle*, Paris, Masson, 1991.

N° de projet : 10014999 - (1) - 3 - (OSBV - 80) - D.B. – Mars 1995
Imprimé en France par Pollina, 85400 Luçon - n° 67239